律师咨询实录

代万斌 著

浙江工商大学出版社
ZHEJIANG GONGSHANG UNIVERSITY PRESS
· 杭州 ·

图书在版编目(CIP)数据

律师咨询实录 / 代万斌著. —杭州:浙江工商大学出版社,2023.5

ISBN 978-7-5178-5407-4

Ⅰ. ①律… Ⅱ. ①代… Ⅲ. ①法律—中国—问题解答 Ⅳ. ①D920.5

中国国家版本馆 CIP 数据核字(2023)第039741号

律师咨询实录

LYUSHI ZIXUN SHILU

代万斌 著

责任编辑	姚 媛	
责任校对	夏湘娣	
封面设计	朱嘉怡	
责任印制	包建辉	
出版发行	浙江工商大学出版社	
	(杭州市教工路198号　邮政编码310012)	
	(E-mail:zjgsupress@163.com)	
	(网址:http://www.zjgsupress.com)	
	电话:0571-88904980,88831806(传真)	
排　　版	杭州朝曦图文设计有限公司	
印　　刷	浙江全能工艺美术印刷有限公司	
开　　本	880mm×1230mm　1/32	
印　　张	7.375	
字　　数	153千	
版 印 次	2023年5月第1版　2023年5月第1次印刷	
书　　号	ISBN 978-7-5178-5407-4	
定　　价	49.00元	

作者简介

　　代万斌，1984 年生，云南曲靖人，律师，法律硕士研究生。云南地海律师事务所创办人、主任、负责人，昆明广播电视台《普法进行时》嘉宾，云南省司法厅第二届省级人民监督员，云南省人民检察院听证员（任期 2022 年 6 月 30 日至 2025 年 6 月 30 日）。

　　曾常年担任广州南方测绘科技股份有限公司昆明分公司、云南省水文水资源局、昆明德鲁帕数码图文有限公司、云南福润达医药有限公司等二十余家企事业单位的法律顾问。

　　曾担任合同纠纷，继承纠纷，离婚纠纷，追偿权纠纷，交通事故责任纠纷，财产损害赔偿纠纷，股权转让纠纷，生命权、身体权、健康权纠纷等近千件民商事案件代理人，以及多起刑事案件辩护人。

前　言

律师只能维护当事人的合法权益

作为一名执业律师,要经得起当事人或者咨询人各方面的"拷问",这也是我们必备的专业素养和职业道德修养。律师为当事人提供法律服务,并收取当事人的服务费用来维持生计,这种职业特性要求律师必须尽力解答当事人的问题。自全面推进依法治国以来,很多人的法律意识逐渐增强了,他们咨询的目的多是请律师帮助自己规范行为,但是依然有不少人为了争取非法权益来咨询律师。律师队伍是依法治国的一支重要力量,要大力加强律师队伍思想政治建设,把拥护中国共产党领导、拥护社会主义法治作为律师从业的基本要求。①律师的解答必须依法依规进行,律师绝对不能利用自己所掌握的法律专业知识来帮助当事人挑战法律红线,维护其非法权益。《中华人民共和国律师法》(以下简称《律师法》)第三条规定,律师执业必须遵守宪法和法律,恪守律师职业道

---

① 习近平:《习近平谈治国理政》(第二卷),外文出版社,2017年,第123页。

德和执业纪律。律师执业必须以事实为根据，以法律为准绳。律师在提供法律服务时，只能依法依规解答当事人或者咨询人的问题，只能用自己的法律专业知识帮助或者指导当事人依法依规表达诉求，在代理或辩护工作中，只能用自己的法律专业知识维护当事人的合法权益。

律师必须维护法律正确实施

有的当事人会反问律师："如果什么都依法依规进行，那我花钱聘请律师还有什么意义？"发生法律纠纷或者涉嫌犯罪时，依法维护当事人的合法权益，维护法律正确实施，维护社会公平和正义就是律师的价值，也是该职业的意义所在。有的人会说这样的说法过于空泛，那么我们以具体案例来说明一下。比如某销售公司的大股东为了做成一单销售业务，行贿了采购方的领导，后该单位领导因涉嫌其他犯罪，主动交代了该销售公司的行贿行为。该公司及其股东均被追究行贿犯罪的刑事责任。因为商业交易中招标文件都将有失信被执行人、重大违法犯罪行为等记录作为招投标资格的限制条件，所以之后该公司连续三年失去了参与投标的机会，该公司的销售金额也一下子从一年两亿元左右降至一亿元左右。这就是违法经营付出的惨重代价。再比如某人涉嫌刑事犯罪，家属委托律师进行辩护，家属为了争取轻判，伪造证据，律师提供协助。该案例中的家属涉嫌伪造证据，情节严重，其行为构成帮助伪造证据罪。辩护律师在刑事诉讼中帮助当事人伪造证据，其行为构成辩护人伪造证据罪。家属和律师均被追究刑事责任。如此,不仅没有对某人涉嫌的犯罪行为进行有效辩护,反而致使其家属也卷进刑事犯罪中,而律师本人也因此断送职业生涯。这就是律师没有依法进行辩护的惨重代价,害人害己。

律师必须维护社会公平和正义

有人曾经对我说:"我委托你作为代理或者辩护律师,我不关心你所说的社会公平和正义,我也不关心你用什么办法,我只希望你把我的权益最大化作为工作目标。"委托人这样说不仅是对律师工作的不理解,也是对社会公平和正义的不理解。按字面意思,"公平"是指"处理事情合情合理,不偏袒哪一方面",公正是指"公平正直,没有偏私"。公平是法律追求的基本价值之一,公正是一种价值判断,内含评判人一定的价值标准取向。法律体现着国家和人民的意志,代表着国家和人民的利益,是公平和正义的象征。律师作为专业的法律人,是法治建设的重要力量。律师在提供法律服务的过程中,只能依法实现当事人的合法权益最大化。维护当事人的合法权益就是维护法律,也就直接或间接地维护了社会公平和正义。律师作为提供法律专业服务的人员,手里没有任何公权力,离开了法律,律师的价值将大打折扣。比如,当不慎发生交通事故时,部分人依然有第一时间找熟人或"关系"的思维惯性。发生交通事故时,正确的做法是报警和通知保险公司。如果有人员伤亡,还要及时拨打120急救电话并对受伤人员进行抢救。交警会公平公正地给予事故认定,属于自己一方的赔偿责任,投保的保险公司会进行赔偿。如果构成了交通肇事犯罪,依法进行处理即可,只要肇事者不逃逸,不随意改变事故现场,并对受伤人员尽积极救助义务,即便构成交通肇事罪,实践中也基本会判处缓刑。而有少部分人遇到重大事故,特别是致人死亡或者使公私财产遭受重大损失时,慌乱之中就会逃逸或者作出其他改变、破坏现场等行为,导致量刑标准上升到了三年以上七年以下有期徒刑,甚至是七年以上有期徒刑。

在现实生活中,也有部分人发生交通事故后总想着靠"关系"来减轻惩罚,甚至是逃避责任,并采取了一些非正确的处理方式,最终错上加错。比如一辆正常行驶的机动车撞死了一个横穿马路的行人,一般情况下,只要车辆合法有效,驾驶人员有证驾驶,且没有超速行驶,并及时报警,寻求120的救助,那么驾驶人就不会构成交通肇事犯罪。如果驾驶人采取逃逸行为,那么性质就变了,完全有可能构成交通肇事犯罪。如果驾驶人不依法依规处理发生的事故,而是想找各种"关系",甚至逃避自己的责任,事情就会变得非常复杂和不可控。比如对方的"关系"比自己更有优势时怎么办?比如找"关系"后,对事故处理有失公平公正,对方因心理不平衡而作出极端行为,制造二次事故时怎么办?是否有人要承担相应的法律责任?而类似这些情况的代理和辩护工作均是律师的常规业务。因此,我认为律师在提供法律服务的过程中,只能争取当事人合法权益最大化,而不是权益最大化。

法律的正确实施和社会公平、正义关乎我们每一个人。

人们经常会有这样一种心理:当发生纠纷时,如果我们在这个纠纷领域的社会"关系"强于相对方,那么我们就能利用这些社会"关系"压倒对方,让自己少承担法律责任或者不承担法律责任,甚至获得一些非法权益;而如果我们在这个纠纷领域的社会"关系"弱于相对方,那么我们就希望得到公平公正的对待与处理。维护社会公平和正义不仅是每一名执业律师应尽的义务,也是我们每个人应尽的义务。社会公平和正义对我们每一个人都很重要。

毫无疑问,成熟理性的当事人主要是需要律师帮助或者指导他们在工作和生活中不发生违法犯罪的行为。当纠纷发生时,他们只希望律师帮助自己实现合法权益最大化,而不是指望律师通过任何非法或者犯罪行为帮助自己。否则,他们可能会陷入更多的纠纷中,并承担更多的法律责任。当然,成熟理性的律师也只会依法依规执业,仅维护当事人的合法权益,维护法律正确实施,维护社会公平和正义。

执业律师需要长期坚持学习、广泛学习

作为一名执业律师,要学会长期坚持学习、广泛学习法律知识及其他科学知识,以便为当事人、社会,甚至为党和国家提供更优质的法律服务,也要力所能及地去帮助或指导新入门的法律人。比如,向后辈介绍律师执业规范,分享法律实践经验,讲解法律实践与法学理论的关系,讲解法律知识如何与其他科学知识相互衔接,指导实习律师的实习,等等。

我认为执业律师是相对来说具有学好法律的环境优势的

群体之一。法律是一门实践学科。大多数律师处在法律实践一线，有大量实践机会。他们不仅可以直观感受法律应用的现实场景（有人认为它是法律学习的"活教材"），还可以利用这些实践机会总结经验。社会法学派的代表人物美国大法官霍姆斯（Holmes）说："法律的生命是经验而不是逻辑。"当我们有了足够的经验积淀，在解答当事人的法律问题时，就可以把法律专业知识与执业中总结的经验一并分享给当事人，以供他们参考。法律知识的逻辑是很严谨的，法学教材中法学知识的体系性是很强的，然而具体到现实生活中运用法律的人，尤其是处在社会基层的法律人，他们中的一部分或者没有足够的经验积淀，或者没有很强的法律逻辑思维，或者没有很完善的法律知识体系，或者没有很高的法律职业道德素养，等等，他们甚至会刚愎自用。然而，他们又是每一个具体案件的办理人，很多时候不得不研究他们的判例，以便获知他们的办案风格，搞清楚他们的思维习惯并给出具体的对应方案，争取相对较好的结果。这或许就是理论与实践的差异之一。

以帮助信息网络犯罪活动罪为例。在 A 地区，辩护人提出犯罪嫌疑人犯罪情节较轻，而且到案后如实供述所有犯罪事实，犯罪主观恶性不大，其是在轻信朋友的情况下，疏忽大意而涉嫌的犯罪，而且仅参加了一次犯罪行动，并积极主动退还了所有赃款。鉴于嫌疑人认罪悔罪态度较好，没有再次犯罪的危险性，而且是初犯、偶犯，并配合公诉机关签订了认罪认罚具结书，所以辩护律师认为嫌疑人完全符合判处缓刑的法定条件。综上，请求公诉人给予判处缓刑的量刑意见。

　　根据《中华人民共和国刑法》(以下简称《刑法》)第二百八十七条之二,为信息网络犯罪活动提供帮助的,其法定刑为"三年以下有期徒刑或者拘役,并处或者单处罚金"。据此,帮助信息网络犯罪活动罪,其最高法定刑是三年有期徒刑,具备判处缓刑的法定条件。

　　《刑法》第七十二条:"对于被判处拘役、三年以下有期徒刑的犯罪分子,同时符合下列条件的,可以宣告缓刑,对其中不满十八周岁的人、怀孕的妇女和已满七十五周岁的人,应当宣告缓刑:(一)犯罪情节较轻;(二)有悔罪表现;(三)没有再犯罪的危险;(四)宣告缓刑对所居住社区没有重大不良影响。"

　　犯罪嫌疑人符合以上四个条件,因此辩护人请公诉人依法给予缓刑的量刑意见。

　　公诉人说,其确实完全符合可以判处缓刑的法定条件,但是某省范围内至今没有判处缓刑的先例,所以不可以给出缓刑的量刑。

　　一周后,辩护律师找到了某省判处缓刑的判例提交给了公诉人。公诉人又说该市范围内这类案件没有判处缓刑的判例,所以还是不能给出缓刑的量刑意见。

　　于是,辩护律师在开庭前一天找到了该市范围内判处缓刑的判例。公诉人依然不给出缓刑的量刑意见。

　　到了法庭审理阶段,辩护律师提出被告人是接到公安机关电话通知后主动到案的,具有自首情节(辩护律师故意将该辩护意见保留到法庭审理阶段,以便公诉机关实在不肯作出缓刑量刑意见时,到法院争取缓刑的新条件),恳请公诉人当庭改变量刑意见为缓刑。公诉人认可具有自首情节,但依然不予改变量刑意见,法院最后依然判处实刑。

两个月之后,相同性质的案件在B地区也发生了,该案件的犯罪情节相对之前的案件要重一些,犯罪嫌疑人涉案的金额更大,获利更多,参与次数更多。辩护人三次向公诉机关争取缓刑的量刑意见,均没有得到允许,但到法院审理阶段,审判人员采纳了辩护律师的意见,并对公诉人说:"都是年轻人,而且犯罪情节较轻,有主动到案的情节,有积极退赃的情节……此外,有判处缓刑的判例作为参考,完全符合判处缓刑的法定条件,我们对年轻人应该以'教育为主,惩罚为辅'的原则来处理,多给他们一些改过自新的机会。"审判人员当庭征求公诉人意见,公诉人表示对判处缓刑没有意见,法院最后判处了缓刑。

这就是我们的工作环境,也是我们必须学会接受的现状。在这里特别申明一下,我认为从法律专业上来讲,以上两个判决均没有任何错误,因为《刑法》第七十二条规定的只是可以宣告缓刑的条件,审判人员完全有权依照自己的价值判断不宣告缓刑。一个专业人员对一个具体的案件作出什么样的评判,与这个人的成长经历、接受教育程度、现在的生活状况、对法律专业知识的掌握程度、对辩护意见的接受程度、对案件的专业观点偏向等密切相关。

从法律专业角度来讲,适当存在一些持重刑主义的法律人也是有好处的。重刑主义可以从根本上规范人们的行为,让人们敬畏法律,谨慎行事,降低违法犯罪率,稳定社会关系,缓解社会矛盾。

以上这些是我们法律人在成长过程中回避不了的现实,我想也是法学理论研究绕不过去的话题。

作为律师,在执业的道路上会遇到无数的"痛"。辩护或者代理意见出现专业偏差时可能遭到其他法律人的打击、羞辱,可能遭到委托人的指责和藐视,等等;辩护或者代理观点正确时,可能得不到审判人员或者其他法律人的采纳;自认为所有法律人都是职业共同体,于是坦诚提出了无罪或者罪轻的全盘辩护观点,公诉人或者审判人员却直接按照辩护意见一一补充材料;等等。这些"痛",虽然有些是撕心裂肺的,但更是促使执业律师竭尽全力成长与学习的力量源泉。

律师业务领域广泛和业务收入不稳定的特点,要求律师必须以专业化学习与广泛学习相结合的模式发展自己。律师可以相对更自由地决定是否接受业务,因此可以相对自由地控制工作量和工作时间,留出更多时间学习或者做其他事情。此外,如今是信息渠道多元化的时代,不管是学习资料还是专业技能的获得,律师与其他学习者的机会都是平等的。律师只要能坚持一边实践一边反复学习理论知识,就能学好法律,成为专业能力较强的法律人。

律师不仅可以为当事人提供优质的法律服务,也可以为社会,甚至党和国家提供优质的法律服务

我认为,党和国家、社会给我们提供了大好的学习机会,并设置了律师制度,很好地保障了律师的执业权利,那么作为律师的我们就应该尽力学好专业知识,服务好当事人、服务好社会、服务好党和国家。服务好当事人、服务好社会、服务好党和国家的方法多种多样。比如:为当事人提供优质的法律服务,帮助或者指导当事人合法合规地行动;为社会提供自己专业领域的公益服务(如为特定人群进行专题普法);与行政机关、侦查机关、公诉机关、审判机关就相关法律专业问题进行交流、探讨,并站在私权利角度出具专业意见;引导对个案处理结果不满意的当事人依法依规维权;以身作则,引导家人、身边的亲友遵纪守法;加强思想政治学习,拥护党的领导,拥护社会主义法治;尽力学好专业知识,做好法治螺丝钉,为社会主义法治建设做力所能及的事情。我认为作为一名执业律师,能为党和国家提供自己的法律专业服务,是最值得骄傲的事情。

目 录
CONTENTS

律师职业篇

1. 律师是干什么的？

答 这个问题有很多人问过我。记得在2010年左右的时候,我的一个高中老师也问过我同样的问题。在现实生活中,有一部分人完全不了解律师,他们不知道律师是干什么的,他们身边没有律师,也不认识律师,他们完全不知道为什么会需要律师。大学刚毕业时,有一个高中同学问我:"律师是干什么的?"在我们对话的最后,她和我说:"我这辈子永远不会和律师打交道。"其实这个同学说完这句话没多久就因为其母亲出交通事故与我打了交道,后来过了好多年,她又因为所在单位不给她报销生育保险来咨询我。

在另外一部分人的意识里,律师就是帮别人搞定麻烦的,只要出钱,且钱出得足够多,律师就可以无所不能。他们认为犯死罪的人可以通过律师"协调关系"免除死刑。犯重罪的人可以通过律师"协调关系"判轻罪,甚至直接办理取保候审,或者判缓刑。如果判处了死刑缓期执行、无期徒刑或者有期徒刑,到了监狱可以继续"协调关系",办假释或者保外就医。犯轻罪的人可以通过"协调关系"被无罪释放,或者不被起诉,或者被判免于刑事责任处罚。一些人成立公司做小工程十几年了,承接工程项目时往往不签合同就开始干活,干一段时间后发现有人不愿支付工程款或者劳务费,因此希望找个律师帮忙。他们认为做了多少工程量,投入多少劳力,律师都可以一一搞清楚。在他们的意识里,律师无所不能。2022年,有一个包工头说,某社区的某个工程是他做的,当时什么合同也没有签,仅是口头约定就开始干了。社区欠着他八十多万元的工程款未支付。现在社区领导换了,因为没有任何书面材料,新来的领导不敢支付款项,以前的领导也无法再帮助补充书面材料。于是,他问我愿不愿意接这个官司(案件),愿意接的话,打赢这个官司(案件)的概率有多大。我问他:"是否可以申请以前的领导出庭作证?"他回答:"不能。"我接着问他:"能否找以前的领导当面谈一下并做一个笔录或者请他出具一个情况说明?"他回答:"不能。"再问:"是否可以和以前的领导当面或者电话谈一下,并做个录音?"仍回答:"我不愿意,这不是害别人吗?"最后,我说:"虽然《中华人民共和国民法典》第四百六十九条规定,'当事人订立合同,可以采用书面形式、口头形式或者其他形式。书面形式是合同书、信件、电报、电传、传真等可以有形地表现所载内容的形式。以电子数据交换、电子邮件等方式能够有形地表现所载内容,并可以随时调取查用的数据电文,视为书面形式',当事人可以订立口头形式的合同,但是你现在无法再现你口头合同的内容,所以恐怕连立案都很难。即便勉强立案了,如果开庭的时候,社区一方代理人不承认该工程是你做的,那么我们就会因为举证不能而败诉。所以,我没有本事接你的案件。"

也有不少人把律师当作电视剧里的侦探,想通过律师查清楚别人的隐私,比如开房记录、行程路线、银行账号信息等。前几年还陆续有陌生人加我微信,并在微信上问我是否需要帮助查询他人的开房记录、银行账号信息、个人房产信息、个人车辆信息、个人股权信息等。我曾经有一个邻居,他经营公司多年了。有一天,他问我是否可以帮别人把公司或者个人所有的司法案件记录或者犯罪案件记录删除。没有等我回答,他就继续问:"律师应该都干过这些事情,也会干这些事情,对吗?"我回答:"我没有干过,我不会干这些事儿,我也干不了这些事儿。"后来我才知道一个冒充"律师"的人对这个邻居说可以把公司有过的司法案件记录删除,并私下收取了他三万元现金,收钱之后这个人就联系不上了。当然,删除公司司法案件记录的事情自然也没有做成。还有一部分人认为律师是无用的,公、检、法等公权力机关都有维护私权利的义务,都有维护法律正确实施的义务,都有维护社会公平和正义的义务,因此律师职业是多余的,甚至是会"坏事"的。我的一个亲戚涉嫌受贿犯罪,其家属就非常反感请律师。在他们的意识中,不请律师,审判结果反而会轻一些,凡请律师的,都是和调查机关、公诉机关、审判机关对着干,这样就是得罪了这些公权力机关。这个亲戚最后确实未得到任何律师的帮助就被判刑了,但没有被轻判。以上这些情况都可以说明很多人对律师职业不了解,甚至有误解。

2021年下半年,我接到某个村民的个人咨询。该村民是某村的综治办主任,而且已经担任该村综治办主任二十多年了。五年前,他和某外地来的老板合作种植三七。因为是在自己所在村集体租地种植三七,加之法律意识淡薄,所以该村民没有与对方签订任何书面合作协议,仅口头约定后,便直接投钱、出力租地等。三年后，该外地老板因为涉嫌故意杀人罪被刑事拘留。该外地老板被拘留当年，在该村种植的三七有一百一十亩左右，其中有七十亩左右是该村民全权负责种植及后期管理工作的，该外地老板仅提供了三七苗。三七园的租地款，种三七的劳务费，购买化肥和农药的费用，三七园的管理费、电费、水费等都是该村民垫付的。该老板被拘留期间，其债权人向该老板所在地人民法院提起民事诉讼，案件胜诉后，法院到村里把该三七园里的三七查封了。据该村民陈述，他向负责查封的法官说明了情况，该法官让他管理好三七园，表示法院会公平处理，不会亏待他，该给他的部分也会给他。于是，该村民出力、垫钱继续管理三七园。半年多后，法院把该一百一十亩左右的三七园里的三七拍卖了，共得款一百八十余万元。最后分文未分配给该村民，并告知该村民，若认为法院的做法不恰当就申请执行异议。这个时候，该村民才咨询我，问我怎么申请执行异议。我帮助该村民写了执行异议申请书，仅主张其种植三七期间垫付的二十多万元费用，应该优先支付给该村民。最后负责执行异议案件的法官说，因为该村民没有在查封时就依法主张自己的权利，没有合作协议，且买肥料和农药的钱只有收条和部分支付凭证，支付劳务费、电费的钱也只有收条，没有发票，等等，所以不能支持其执行异议的请求，并建议该村民另案起诉主张权益。我配合该村民统计之后发现，该村民为七十亩左右的三七园所支付的租地款，以及购买化肥、农药等的费用实际超过了三十万元，但该村民未拿到分文。这样的事情对一个普通农民家庭来说是一个巨大的打击。最后，因为很多开支确实是现金支付的，没有留有支付凭证，加之三七园所在地法院与涉嫌杀人的老板所在地法院相距较远，老板因故意杀人犯罪被判处死刑，且资不抵债等，他确实难以举证，走司法途径投入的时间、各种开销也少不了，甚至可能需要走破产程序才能分到一部分钱。综合各种情况，我建议该村民放弃继续走司法途径主张其合法权益。

接触到三七案件之后，我深感对于需要法律服务的主体而言，无论是涉及民事纠纷，还是涉嫌犯罪等，仅仅依靠自身力量来"依法主张自己的合法权益、依法代理自己的法律纠纷、享有并行使辩护权"，是远远不够的[①]。要真正行使各项合法权益，他们不仅需要获得律师的帮助，而且需要获得律师的有效帮助。[②]于是，我下定决心动笔写一本与律师有关的书，对律师职业及律师工作做一些简单而零散的介绍，期望对那些不了解律师作用的人，以及那些需要日常法律咨询的人有所帮助。

言归正传，我们还是回到律师是干什么的话题上来。《律师法》第二条第一款规定："本法所称律师，是指依法取得律师执业证书，接受委托或者指定，为当事人提供法律服务的执业人员。"律师是为当事人提供法律服务的执业人员，这里的当事人包括自然人、法人和其他组织。我认为还应该包括我们

---

① 陈瑞华：《刑事诉讼法》，北京大学出版社，2021年，第140页。
② 陈瑞华：《刑事诉讼法》，北京大学出版社，2021年，第140页。

的党、国家和政府机关。

　　根据《最高人民法院关于适用〈中华人民共和国民事诉讼法〉的解释》①第五十二条,"民事诉讼法第五十一条规定的其他组织是指合法成立、有一定的组织机构和财产,但又不具备法人资格的组织,包括:(一)依法登记领取营业执照的个人独资企业;(二)依法登记领取营业执照的合伙企业;(三)依法登记领取我国营业执照的中外合作经营企业、外资企业;(四)依法成立的社会团体的分支机构、代表机构;(五)依法设立并领取营业执照的法人的分支机构;(六)依法设立并领取营业执照的商业银行、政策性银行和非银行金融机构的分支机构;(七)经依法登记领取营业执照的乡镇企业、街道企业;(八)其他符合本条规定条件的组织"。

　　《中华人民共和国民事诉讼法》②(以下简称《民事诉讼法》)第五十一条规定:"公民、法人和其他组织可以作为民事诉讼的当事人。法人由其法定代表人进行诉讼。其他组织由其主要负责人进行诉讼。"

　　《中华人民共和国行政诉讼法》(以下简称《行政诉讼法》)第二十五条规定:"行政行为的相对人以及其他与行政行为有利害关系的公民、法人或者其他组织,有权提起诉讼。有权提起诉讼的公民死亡,其近亲属可以提起诉讼。有权提起诉讼的法人或者其他组织终止,承受其权利的法人或者其他组织

---

① 除特殊标注外,本书涉及该法规的内容一般引自2022年修正版。
② 除特殊标注外,本书涉及该法规的内容一般引自2021年修正版。

可以提起诉讼。人民检察院在履行职责中发现生态环境和资源保护、食品药品安全、国有财产保护、国有土地使用权出让等领域负有监督管理职责的行政机关违法行使职权或者不作为，致使国家利益或者社会公共利益受到侵害的，应当向行政机关提出检察建议，督促其依法履行职责。行政机关不依法履行职责的，人民检察院依法向人民法院提起诉讼。"因此，行政诉讼的被告是作出行政行为的行政机关，行政机关也有权委托执业律师作为其诉讼代理人。《行政诉讼法》第三十一条规定："当事人、法定代理人，可以委托一至二人作为诉讼代理人。"从本条规定来看，当事人至少包括行政机关。实践当中，律师也在担任党政机关、企事业单位，甚至公安机关、法院、检察院等的法律顾问。此时，律师是为聘请方服务的，维护的是聘请方的合法权益。随着国家法治建设的进步，律师还在不断参与社会各领域的工作，比如担任人大代表、政协委员、人民监督员、听证员等。律师还会到看守所、法院、检察院、信访办等机构去值班，作为公安机关、法院、检察院的咨询员、监督员、听证员参与案件的探讨、监督和评议等，这些工作既是维护法律的正确实施和社会的公平正义的需要，也能维护聘请方的合法权益。

因此，我认为律师的主要工作是接受委托或者指定，为当事人提供法律服务，同时还需要维护法律的正确实施，维护社会公平和正义。党的十八届三中全会审议通过了《中共中央关于全面深化改革若干重大问题的决定》，把全面深化改革与法治建设紧密结合起来，提出建设法治中国，必须坚持依法治国、依法执政、依法行政共同推进,坚持法治国家、法治政府、法治社会一体建设,努力推进国家治理体系和治理能力现代化。[①] 全面推进依法治国需要全社会共同参与,需要全社会法治观念增强,必须在全社会弘扬社会主义法治精神,建设社会主义法治文化。[②] 对于每一个法律人而言,尤其是律师,其所面临的机遇与挑战是前所未有的。律师的工作范围在逐步扩大,发挥的社会作用和价值也在增大。律师已经不再是私权利的代言人,而是以维护当事人的合法权益、维护法律正确实施和维护社会公平正义为己任。

2. 委托律师有什么作用？

答 这是大多数委托人或者咨询人很关心的问题,也是每一名执业律师值得花时间搞清楚的问题。我认为搞清楚了这个问题,也许就不会再对职业前景感到迷茫了。说白了,也就是弄清楚自己的价值是什么了。明确了自己的职业价值,职业方向就会变得清晰。

我认为律师的作用非常宽泛,主要作用是提供法律服务,但又不仅仅是提供法律服务。律师可以把自己在执业过程中积淀的很多法律之外的经验分享给当事人。律师在面对当事

---

① 李林、莫纪宏:《全面依法治国 建设法治中国》,中国社会科学出版社,2019年,第9页。
② 习近平:《习近平谈治国理政》(第二卷),外文出版社,2017年,第120页。

人或者咨询人时要学会抓住他们问题的核心,进行准确解答,这样才能自我成长。面对不同的需求,律师的作用会有所差异。处于执业初期的律师在回答当事人或者咨询人的问题时会感觉有些困难,那是因为他们业务做得还不够多,不清楚自己在不同的业务领域能做哪些具体的工作。一个成熟的律师在洽谈业务的时候,基本上可以做到以很快的速度提取出当事人或者咨询人的需求,并清楚自己可以为委托人做的工作,以及自己的工作对委托人有什么样的价值。

当事人不同、问题不同、领域和地域不同、问题所处的阶段不同等,律师的作用都会有所不同。我们先根据法律的规定,做一个简单分析。

《律师法》第二十八条对律师可以从事的业务范围作出了规定,即"(一)接受自然人、法人或者其他组织的委托,担任法律顾问;(二)接受民事案件、行政案件当事人的委托,担任代理人,参加诉讼;(三)接受刑事案件犯罪嫌疑人、被告人的委托或者依法接受法律援助机构的指派,担任辩护人,接受自诉案件自诉人、公诉案件被害人或者其近亲属的委托,担任代理人,参加诉讼;(四)接受委托,代理各类诉讼案件的申诉;(五)接受委托,参加调解、仲裁活动;(六)接受委托,提供非诉讼法律服务;(七)解答有关法律的询问、代写诉讼文书和有关法律事务的其他文书"。律师可以担任法律顾问,担任民事诉讼案件和行政诉讼案件的代理人,担任刑事自诉案件和刑事附带民事诉讼案件的代理人,担任刑事案件的辩护律师,代理各种案件的申诉,担任仲裁案件的代理人,接受法律咨询工作,代写各种法律文书,等等。我认为这是从律师职业角度给出的律师业务范围。

《律师法》第二条规定:"律师应当维护当事人合法权益,维护法律正确实施,维护社会公平和正义。"我认为这是从党和国家的角度对律师提出的执业要求。它是相对于委托人要求而言的,委托人当然希望律师帮自己争取的利益越多越好。律师在开展业务过程中只能维护当事人的合法权益,且需要维护法律正确实施、维护社会公平和正义。

法律为了更好地指导和保护律师的执业行为,对律师的业务范围也作出了规定。《律师法》从担任法律顾问、代理人、辩护人等角度分别给出了具体的业务内容指导,同时也将律师的这些具体业务合法化,以更好地保护律师的各项执业行为。

《律师法》第二十九条规定:"律师担任法律顾问的,应当按照约定为委托人就有关法律问题提供意见,草拟、审查法律文书,代理参加诉讼、调解或者仲裁活动,办理委托的其他法律事务,维护委托人的合法权益。"

如果当事人想要获得事前、事中的法律顾问服务,那么律师应当参照《律师法》第二十九条规定的内容提供服务。实践中,部分律师如果对某些行业特别熟悉,还会向当事人解读这些行业领域的国家政策。当然,作为法律顾问,律师及其团队对当事人所面对的各种民事纠纷、行政纠纷,甚至刑事法律风险,可以分别提供民事纠纷案件代理服务、行政诉讼代理服务和刑事辩护服务。

《律师法》第三十条规定:"律师担任诉讼法律事务代理人或者非诉讼法律事务代理人的,应当在受委托的权限内,维护委托人的合法权益。"

无论是民事诉讼还是行政诉讼,律师均可为当事人在诉前确定是否可诉,并告知其诉讼可能面临的法律风险,可能出现的各种法律结果,所需要投入的时间、精力、费用,等等。如果应诉,那么应帮助当事人做好应诉策略分析。要特别注意的是,律师只能维护委托人的合法权益。

《律师法》第三十一条规定:"律师担任辩护人的,应当根据事实和法律,提出犯罪嫌疑人、被告人无罪、罪轻或者减轻、免除其刑事责任的材料和意见,维护犯罪嫌疑人、被告人的诉讼权利和其他合法权益。"

如果面对刑事案件,律师应当参照《律师法》第三十一条规定的内容提供服务。同时,指导当事人正确配合调查机关、侦查机关、公诉机关、审判机关的相关工作。此外,律师还要在辩护工作中扭转少数当事人的错误意识,比如"坦白从宽牢底坐穿,抗拒从严回家过年"。当然,并不是说辩护律师一定要引导当事人认罪,而是要引导当事人如实陈述案件事实,以便争取合法权益最大化。现实生活中,还有部分涉嫌刑事犯罪的当事人容易低估调查机关或者侦查机关对案件的侦破能力,或者对找"关系"逃避法律惩处等抱有期望,这些均需要律师进行正确引导。当然,调查机关或者侦查机关受工作性质的影响,容易惯性地把当事人当作"坏人"看待,在调查工作或者侦查工作中容易把调查对象向有罪方向上引导。作为辩护律师,要告诉当事人,如果不是自己做的事情,不要随意承认。随意承认不仅容易让自己由无罪变有罪,也容易误导调查机关或者侦查机关对案件事实的调查或者侦查,甚至会误导调查或者侦查的方向,延误最佳的调查或者侦查时间,从而导致冤假错案的发生。如果自己涉嫌违法犯罪行为,那么就应该积极配合调查机关或者侦查机关的工作,如实陈述,争取坦白从宽处理或者符合其他减轻、从轻处罚的法定情节。法律规定构成坦白的依法最高可以减少基准刑的百分之二十以下,所以律师在提供帮助的过程中要做好法律规定的讲解与引导。

综上所述,我认为委托律师的作用可以概括为以下三个方面:首先是帮助或者指导当事人行为合法合规,即用自己的法律专业知识帮助或者指导当事人不违法犯罪。其次是在当事人发生纠纷或者涉嫌违法犯罪后,接受委托或者指定,代理当事人的法律纠纷工作或者担任当事人的辩护律师,依法维护当事人的合法权益。这也是大多数人对律师的直观认识,即代理行政纠纷、民事纠纷和仲裁纠纷的各项工作,以及刑事案件的辩护工作。最后是发挥律师应有的其他帮助作用。随着我们法治国家、法治政府、法治社会一体化建设取得巨大进步,律师可以参与的社会活动越来越多,律师的社会作用也越来越大,比如参与法律法规的修订工作及一些重大案件的听证工作等。

律师担任法律顾问的主要作用是指导当事人行为合法合规,避免产生法律纠纷,避免发生诉讼案件或者刑事案件。经常有当事人问："打这个官司我可以赚到多少钱?"我的答复是:"打官司(案件的诉讼)一般都是为了止损,不是为了赚钱。打官司(诉讼)能赚钱的都属于非常规情况。"聘请法律顾问是为了不打官司(不发生诉讼纠纷)或者少打官司,以及必须打官司(诉讼)时,做好在诉讼中更好地控制损失的基础工作。如果前期有法律顾问律师做好了基础工作,在仲裁或者诉讼中,相对来说更容易获得胜诉,也更容易控制损失。如果律师在纠纷发生后再参与工作,会相当被动,当事人的损失也可能会比较大。

在大家的传统认识里,律师可以担任民商事案件、行政案件、仲裁案件的代理人,刑事案件的辩护人,也可以代理当事人参与各种谈判、和解、调解等工作。

对律师而言,维护法律正确实施、维护社会公平和正义的职业责任与依法维护当事人合法权益的职业责任是一样重要的,两者的目标也是一致的。律师完全属于法律技术人员,手里没有任何公权力,离开了法律的正确实施,律师的作用就会变得微乎其微。法律体现着人民的意志,代表着国家和人民的利益,是公平和正义的象征。遵守法律是实现公平和正义的具体体现。公平和正义是法律的内在要求,也是检测法律的尺度和标准。不仅是律师,所有法律人的职业目标都是维护法律正确实施,维护社会公平和正义。每一名执业律师都有承担法律援助的义务,这不仅是维护当事人合法权益的行为体现,也是用实际行动维护法律正确实施、维护社会公平和正义的体现。

律师应该做社会的普法"螺丝钉"。律师不仅法律专业性强,而且人数较多。绝大多数律师生活在基层,与普通民众有着密切的接触和联系。虽然大多数律师的普法面非常窄,但若他们做得详细、做得好则会有非常好的社会效果。律师通过了解纠纷案件过程可以提取相关案件信息,也给当事人提供了一个发泄的机会,这样也有利于减少矛盾。此外,对大多数自然人来说,他们会更信任自己咨询或者委托的律师。如果能得到律师的正确引导,那么他们会减少很多极端行为。

律师也应当发挥其应有的其他社会作用。律师群体不仅法律专业知识强,而且工作接触面广,对法律实施的监督具有较好的专业条件,比如律师可以承担调解工作、仲裁工作、法律实践教学工作等。

3. 有人说聘请律师毫无作用,我请律师会不会没有任何作用?

答 万事均不是绝对的,我认为在极少数情况下确实存在律师帮助毫无专业作用的案例。就好比对于某些绝症,即便医术再好的医生也回天乏术。再以故意杀人案为例,如果期望的结果是犯罪嫌疑人或当事人不被判处死刑,那么律师的辩护恐怕很难达到预期效果。律师的辩护就是从程序和实体方面全面审查对被辩护人有利的辩护点,争取其合法权益最大化。我认为只要犯罪嫌疑人或当事人没有精神方面的疾病,无论是谁辩护都难以改变其被判处死刑的结果。《刑法》第十八条规定："精神病人在不能辨认或者不能控制自己行为的时候造成危害结果，经法定程序鉴定确认的，不负刑事责任，但是应当责令他的家属或者监护人严加看管和医疗；在必要的时候，由政府强制医疗。间歇性的精神病人在精神正常的时候犯罪，应当负刑事责任。尚未完全丧失辨认或者控制自己行为能力的精神病人犯罪的，应当负刑事责任，但是可以从轻或者减轻处罚。醉酒的人犯罪，应当负刑事责任。"

律师介入辩护工作后，如果办案机关没有依法对犯罪嫌疑人或者被告人进行精神病鉴定，辩护律师为维护当事人的合法权益，可以向办案机关提出申请，对犯罪嫌疑人或者被告人进行精神病鉴定，这是律师专业辩护的体现，也是从专业上争取不被判处死刑的方法之一。律师在会见的过程中，可以根据案件情况建议当事人争取立功情节（比如，配合抓捕同案犯，向侦查机关揭发自己知道的且尚未被侦查机关立案的其他犯罪案件，等等）、自首情节（比如，案发后知道有人报案了，自己没有逃跑，而是在原地等待公安机关或者调查机关的抓捕，或者在去投案的路上被公安机关或者调查机关抓捕，等等），以免于被判处死刑。律师须向当事人解说其具有的合法权益。同时，在辩护的过程中，律师可以在会见犯罪嫌疑人或者被告人的时候给予他们很多心理安慰，做他们忠实的倾听者，并为他们传达家属的关心，帮助犯罪嫌疑人或者被告人向家属转达他们期望得到的合法帮助，等等。

《中华人民共和国刑事诉讼法》（以下简称《刑事诉讼法》）第三十四条规定："犯罪嫌疑人自被侦查机关第一次讯问或者

采取强制措施之日起,有权委托辩护人;在侦查期间,只能委托律师作为辩护人。被告人有权随时委托辩护人。侦查机关在第一次讯问犯罪嫌疑人或者对犯罪嫌疑人采取强制措施的时候,应当告知犯罪嫌疑人有权委托辩护人。人民检察院自收到移送审查起诉的案件材料之日起三日以内,应当告知犯罪嫌疑人有权委托辩护人。人民法院自受理案件之日起三日以内,应当告知被告人有权委托辩护人。犯罪嫌疑人、被告人在押期间要求委托辩护人的,人民法院、人民检察院和公安机关应当及时转达其要求。犯罪嫌疑人、被告人在押的,也可以由其监护人、近亲属代为委托辩护人。辩护人接受犯罪嫌疑人、被告人委托后,应当及时告知办理案件的机关。"因此,在犯罪嫌疑人被羁押期间的侦查阶段,律师是其家属唯一可以委托辩护并与嫌疑人会面的人。我个人所辩护的当事人中,虽然有几个被判处了死刑,但是我与当事人家属至今仍然友好地相处,他们有法律方面的需要仍然会咨询我或者委托我。因为在接受委托的时候,我向家属详细告知了案件存在的可能性和风险,并对律师可以进行的辩护工作做了全面的解说,在辩护过程中也进行了充分的沟通。

辩护律师如果提出非法证据、瑕疵证据排除申请,检察机关、审判机关就要启动相关程序进行证据审查。这个过程需要一定时间,这一做法不仅依法维护了犯罪嫌疑人或者被告人的合法权益,而且从一定程度上来说,如果其最终被判处死刑,也延长了生存时间。记得我刚做死刑案件辩护的时候,接了一个死刑复核案件。这个案件的一审和二审是两个资深律师辩护的,他们都不愿继续担任死刑复核阶段的辩护人。于是,家属委托了我。在与家属进行了充分的沟通后,我决定接受委托。记得接受委托的时候,前面参与辩护的律师还提醒我,该案件没有可辩护的空间,而且预计当年六月份前会通过死刑复核并执行死刑。我阅卷后提出了充分的辩护观点,最后到第二年的六月份才通过死刑复核,并执行死刑。从委托家属的角度来讲,律师的辩护是有价值的,律师已经在合法范围内提供了专业辩护。同时,家属也认为自己已经尽力了,对这件事情没有遗憾了。

我来举一个律师辩护起较大作用的案例。在一起涉嫌重大毒品犯罪案件中,第一被告人的地位及作用非常明确,而第二、第三被告人的地位作用相当。第二被告人的辩护律师在会见犯罪嫌疑人时与其就案件进行了充分的沟通,并做了引导,辩护律师建议当事人如实认罪,并全面交代案件事实。而第三被告人的辩护律师在辩护工作中,因第三被告人在认罪与否上有些犹豫,便没有做太多沟通,也没有给其太多专业建议,于是一审阶段第三被告没有认罪,辩护律师仅依照证据材料进行辩护。一审判决第一被告人死刑,第三被告人改为第二被告人,同样被判处死刑,第二被告人因为认罪态度较好,改为第三被告人,被判处死缓(死刑同时宣告缓期两年执行)。这就是律师作用的差异,有时这些差异会影响生与死的判决。

现实生活中,很多非法律人士还经常误解死缓,认为死缓就是缓期两年执行,判决生效两年后还是要执行死刑的。其实,据《刑法》第五十条,"判处死刑缓期执行的,在死刑缓期执行期间,如果没有故意犯罪,二年期满以后,减为无期徒刑;如果确有重大立功表现,二年期满以后,减为二十五年有期徒刑;如果故意犯罪,情节恶劣的,报请最高人民法院核准后执行死刑;对于故意犯罪未执行死刑的,死刑缓期执行的期间重新计算,并报最高人民法院备案。对被判处死刑缓期执行的累犯以及因故意杀人、强奸、抢劫、绑架、放火、爆炸、投放危险物质或者有组织的暴力性犯罪被判处死刑缓期执行的犯罪分子,人民法院根据犯罪情节等情况可以同时决定对其限制减刑",死缓最终并不一定会实际执行死刑。

以上是刑事案件的分享,我们再接着看民事案件。有的人认为,这是一个可以万事不求人的时代,不懂的"百度一下"就可以搞定一切。于是,有些人真的在网络上搜索相关材料,简单学习后就自己去做民事诉讼。下面以某装饰工程有限公司欠款清收案为例进行说明。某装饰工程有限公司帮助他人装修了三套别墅和一个综合型山庄,共装修了四个项目。装修完毕后,有一笔四百余万元的装修工程款需要清收。公司工作人员催收无效后,又请了双方的熟人协商,但也无果。于是公司负责人决定自己去法院起诉。公司负责人认为有双方签订的合法有效的对账单,法院就不会判他败诉,所以他决定不浪费律师费,从网络上搜了一个民事起诉状的模板参照着把诉状写好,拿着对账单就直接去法院起诉了。结果被法院以工程主体不明确为由裁定驳回起诉。

案情简介:某装饰工程有限公司于2012—2015年帮某老板装修了三套别墅和一个综合型山庄,总工程款项三千余万元,工程施工前双方签订了预算书。工程陆续启动,三个施工主体有共同进行施工的情况,有两套别墅于2013年底交付使用,一套别墅于2014年初交付使用,综合型山庄的装修最后启动,也是最后完工的。该综合型山庄的工程款共一千六百余万元,于2015年初交付使用。2016年双方签订了结算书,因工程款项是四个施工主体混合支付的,结算书也没有明确各个工程主体具体的已支付款项及欠款情况,结算书上仅明确表述了四个施工项目,以及已经支付的金额和尚欠的金额。签订结算书之后,该老板在两年的时间内支付过二十万元,之后尚有四百余万元欠款催无果。

律师分析认为,该装修工程欠款清收案件因为诉讼主体及方案不明确被法院依法裁定驳回起诉,已经过了上诉期限,这样的案件要再次起诉就得比第一次起诉时更加谨慎,而且要尽量把所有材料都收集到位。资料收集齐全后,律师看了现场,并拍了一些与经营现状有关的照片。最后,律师决定仅起诉综合型山庄一个项目。因为按照工程交付的时间顺序,山庄是最后交付的,且工程款是混合支付的,所以该装饰工程有限公司方应主张仅剩综合型山庄的装修款未支付。如果被告认为不是这样的情况,那就由被告反证各主体支付工程款的情况。按照常理和经验,被告无法举证哪个工程主体具体欠款多少。此外,该装饰工程有限公司还把四个工程的预算书、工程施工完毕时交付现场的照片、投入经营使用过程中被告朋友在山庄及别墅内所拍的照片(微信朋友圈截图)、所有已经支付过款项的银行流水、结算书及起诉前工程项目经营现状有关照片等作为证据材料提交给法院。最终,该装饰工程有限公司的诉求依法得到了法院的支持,法院说服被告以调解方式结案。

调解内容为分多期支付所有欠款。被告在分期支付初期就把其名下的别墅及其他房产均抵押到银行做了十年抵押循环贷款,还把部分房产过户给了其子女(这些情况是律师向法院申请调查令到相关机关调取被执行人名下的房屋信息、房屋档案信息及其他财产信息而得知的)。被告还告诉装饰工程有限公司一方,如果喜欢申请强制执行就去申请,他不在乎。于是,律师代理装饰工程有限公司立即申请强制执行,主要包括申请将被执行人名下的房产及股权全部查封,并将在案件调解完后又过户给其子女的房产也一并查封,然而被告依然不予履行。律师接着申请拍卖所查封的房产,但是法院认为,被告之前申请的十年抵押循环贷款已经放款了,而且抵押金额偏高,在当地,就算拍卖了这个房子,钱也基本会被银行拿走,所以没有拍卖的价值。于是,法院执行人员决定不同意走拍卖程序。思虑再三,律师决定从刑事立案方向来突破。像这种情况,被执行人的做法可能涉嫌违反《刑法》第三百一十三条的规定,即"对人民法院的判决、裁定有能力执行而拒不执行,情节严重的,处三年以下有期徒刑、拘役或者罚金;情节特别严重的,处三年以上七年以下有期徒刑,并处罚金。单位犯前款罪的,对单位判处罚金,并对其直接负责的主管人员和其他直接责任人员,依照前款的规定处罚"。与委托人的商量后,律师决定做一次尝试。于是,律师找到了拒不执行判决、裁定犯罪的判例——《新疆阿勒泰地区阿勒泰市人民法院刑事判决书》[(2015)阿刑初字第55号],并将该判例提交给法院参考,同时写了申请书,申请法院把案件移交给公安机关进行刑事立案。申请书大致内容如下(其中,"甲"为被告,"乙"为被告子女):

申请书

申请人:某装饰工程有限公司

住所:云南省××社区×组×号

法人:×××

联系电话:139×××××××

申请事项:

请求某区人民法院对甲涉嫌拒不执行判决、裁定罪移送当地公安机关立案处理。

事实与理由:

申请人与甲有装修工程合同纠纷,某区人民法院作出(2020)云0302民初553号民事调解书。调解书内容为:一、由甲于2021年4月15日前向原告某装饰工程有限公司支付装修工程款××万元。二、上述款项若甲任意一期未履行,则视为上述款项全部到期,原告某装饰工程有限公司有权申请人民法院强制执行。

甲在2020年5月到8月期间,虽然有迟延支付的情况,但是都在月内支付每月应该支付的款项。

但到2020年9月,甲直接告诉申请人的法定代表人,表明其今后不会继续支付该款项了。之后申请人到某区人民法院申请强制执行,某区人民法院于2020年9月25日受理执行案件,案号为(2020)云0302执3788号。

申请人向贵院申请把甲名下的房产、股权以及银行卡进行查封、冻结。其间发现甲把自己名下的三栋别墅房屋抵押给了银行。(1)不动产单元号:530××××002。房屋坐落:某市某路以南、环西路以西"××"小区×幢第1—3层×号。该栋房屋于2020年9月8日抵押给了某市商业银行股份有限公司某支行,被担保债权数额为×××万元,债务履行期限(债务确定期间)为2020年9月8日起至2030年9月8日止。经查询,该套房屋在2020年11月23日时所有权人还是甲,而在2020年11月26日时,所有权人变更为其子乙,也说明甲在想尽一切办法转移财产,逃避债务。(2)不动产单元号:530××××001。房屋坐落:某市某路以西、某路以南"××"小区×幢第1—3层×号。房屋所有权人为甲,该栋房屋于2020年9月8日抵押给了某市商业银行股份有限公司某支行,被担保债权数额为×××万元,债务履行期限(债务确定期间)为2020年9月8日起至2030年9月8日止。(3)不动产单元号:530××××002。房屋坐落:某市某路以西、某路以南"××"小区×幢第1—3层×号。房屋所有权人为甲,该栋房屋于2020年9月29日抵押给了某银行有限责任公司某支行,被担保主债权数额为×××万元,债务履行期限(债务确定期间)为2020年9月29日起至2023年9月28日止。也就是甲在2020年9月8日到29日把自己名下的三套别墅抵押给银行,有两套办理了10年共×××万元的循环贷款。

……………

甲这样做造成了债权人×××万元迟迟无法收回,无论是滞纳金的计算还是资金的长时间无法收回都对债权人造成了巨大的损失,而甲在被执行期间,依然住着独栋别墅,开着豪车,各项生意有序进行。其××牌豪华汽车,车牌号码为云×××××,落户在一个公司名下,但使用人是甲(有其使用车辆的照片和视频为证)。所以,申请人于2021年3月8日向贵院申请对甲采取司法拘留15日的强制措施,之后以拒不执行判决、裁定罪移交公安机关处理。

特此申请,请准许,为谢!

申请人:

日期:2021年×月×日

为了让执行法官更快速、清晰地看到法条依据,申请人还对主要法律依据做了简单梳理,并附在申请书后面一并提交。

（法律依据)《刑事诉讼法》第一百一十条 任何单位和个人发现有犯罪事实或者犯罪嫌疑人,有权利也有义务向公安机关、人民检察院或者人民法院报案或者举报。

被害人对侵犯其人身、财产权利的犯罪事实或者犯罪嫌疑人,有权向公安机关、人民检察院或者人民法院报案或者控告。

公安机关、人民检察院或者人民法院对于报案、控告、举报,都应当接受。对于不属于自己管辖的,应当移送主管机关处理,并且通知报案人、控告人、举报人;对于不属于自己管辖而又必须采取紧急措施的,应当先采取紧急措施,然后移动主管机关。

（拒不执行判决、裁定罪)《刑法》第三百一十三条······

《最高人民法院关于审理拒不执行判决、裁定刑事案件适用法律若干问题的解释》第二条 负有执行义务的人有能力执行而实施下列行为之一的,应当认定为全国人民代表大会常务委员会关于刑法第三百一十三条的解释中规定的"其他有能力执行而拒不执行,情节严重的情形":

(一)具有拒绝报告或者虚假报告财产情况、违反人民法院限制高消费及有关消费令等拒不执行行为，经采取罚款或者拘留等强制措施后仍拒不执行的；

（二）伪造、毁灭有关被执行人履行能力的重要证据，以暴力、威胁、贿买方法阻止他人作证或者指使、贿买、胁迫他人作伪证，妨碍人民法院查明被执行人财产情况，致使判决、裁定无法执行的；

（三）拒不交付法律文书指定交付的财物、票证或者拒不迁出房屋、退出土地，致使判决、裁定无法执行的；

（四）与他人串通，通过虚假诉讼、虚假仲裁、虚假和解等方式妨害执行，致使判决、裁定无法执行的；

（五）以暴力、威胁方法阻碍执行人员进入执行现场或者聚众哄闹、冲击执行现场，致使执行工作无法进行的；

（六）对执行人员进行侮辱、围攻、扣押、殴打，致使执行工作无法进行的；

（七）毁损、抢夺执行案件材料、执行公务车辆和其他执行器械、执行人员服装以及执行公务证件，致使执行工作无法进行的；

（八）拒不执行法院判决、裁定，致使债权人遭受重大损失的。

《最高人民法院关于审理拒不执行判决、裁定刑事案件适用法律若干问题的解释》的其他条文及其他法律规定。

同时申请人还做了被执行人构成拒不执行判决、裁定罪的证据清单,一并提交法院。代理律师把类似内容发给了被执行人。最后,在法院工作人员把事情的严重性告知被执行人后,被执行人同意按照原来的调解书内容来履行,在代理律师的帮助下,申请人的收款目的最终得以实现。从该案来看,律师不仅利用自己的专业知识帮助当事人把一个被裁定驳回的案件再次起诉并实现了胜诉,而且在用民事领域的专业知识无法推动案件执行的情况下,选择利用刑事领域的知识来推动案件,达到了收款的目的。这就是聘请律师的作用。

2022年,我收到了一个案件的咨询,咨询人因为借给别人二十万元,到期未还,于是找到律师帮忙写了一个诉状自己到法院去立案,最后案件胜诉。法院判决借款人于2018年×月×日前归还原告借款二十万元及利息。判决书上写明了申请强制执行的期限为二年,但是咨询人员对法律不熟悉,也没有仔细阅读判决书,到2022年5月份才想起案件胜诉。随后他多次向借款人要求还钱,借款人仍然未支付欠款,于是想请律师代理向法院申请强制执行。看完判决书后,我答复他,法院可能会因为超过了二年的申请强制执行的期限而不予立案,或者立案后,被执行人提出异议,法院审查后,会裁定不予执行。因为被法院裁定不予执行的可能性较大,于是我也没有选择接受委托。这就是不熟悉法律程序而付出的代价。

4. 律师事务所是什么性质的单位？律师与律师事务所是什么样的关系？

答 很多人都不了解律师事务所的性质。社会上还有一部分人称呼律师事务所的负责人为"所长"，甚至部分法学院的学生也对律师事务所和律师不太了解。我曾有幸被邀请到法学院给学弟、学妹们分享法律实践经验和律师执业心得，他们问得比较多的问题就是律师的具体工作是什么。1979年7月，第五届全国人民代表大会第二次会议通过了《刑事诉讼法》，该法对律师制度作出专章规定，重新恢复了律师制度。[1]之后，全国各地才开始陆续重建律师队伍，至今也就四十余年。1986年7月，中华全国律师协会成立，同年9月，司法部举行第一次全国律师资格考试。[2]1996年5月15日，第八届全国人民代表大会常务委员会第十九次会议通过了《律师法》。《律师法》第十四条规定："律师事务所是律师的执业机构。"律师事务所依法设立，是组织律师开展业务活动，具有独立财产并且能够承担民事责任的机构。[3]律师事务所也是法律服务机构。《律师法》第二十七条规定："律师事务所不得从事法律服务以外的经营活动。"律师必须是律师事务所的成员，才能接受当事人的委托，开展律师业务活动。《律师法》第

---

① 陈卫东主编：《中国律师学》，中国人民大学出版社，2014年，第16页。
② 陈卫东主编：《中国律师学》，中国人民大学出版社，2014年，第17页。
③ 马宏俊主编：《律师法学》，北京大学出版社，2013年，第34页。

四十条第一项规定,律师在执业活动中不得有私自接受委托、收取费用,接受委托人财物或者其他利益的行为。《律师法》第十条也规定:"律师只能在一个律师事务所执业。"

为了更好地维护委托人和当事人的利益,律师的业务只能由律师事务所统一接受委托,除只有一名执业律师的个人律师事务所外,律师事务所都是团体运作的。一般情况下,律师事务所统一接受委托,一旦担任代理人或者负责辩护工作的律师个人不能继续提供法律服务,委托人和当事人的代理或者辩护工作可以转由律师事务所的其他律师继续负责,直到约定的代理或者辩护工作完成为止。《律师法》第二十五条规定:"律师承办业务,由律师事务所统一接受委托,与委托人签订书面委托合同,按照国家规定统一收取费用并如实入账。"因此,律师事务所是律师的执业机构,对律师的业务活动进行管理。律师在执业活动中的执业行为也受劳动法的保护,也就是说律师事务所和律师均有购买社保的义务。

关于律师与律师事务所的关系,我从民营律师事务所的角度来介绍一下。律师可以是律师事务所的合伙人,可以对律师事务所进行投资和管理,并在律师事务所开展执业活动。律师也可以和律师事务所保持某种特别的合作关系,比如兼职律师。兼职律师的人事关系在其他单位,其与所兼职的律师事务所具体以什么样的方式合作,只要在法律允许的范围内,都可以由双方自行约定。律师与律师事务所也可以是雇佣关系。律师依照双方签订的劳动合同,完成工作任务并获得薪水,享受劳动者的各种合法待遇。律师事务所与其他民营企业的运作模式基本是一致的,只是律师事务所从事的是法律服务工作,而且是专业技术型的法律服务工作。

5. 大型律师事务所和中小微型律师事务所,哪种更适合新律师?

答 我经常收到有关这类问题的咨询。部分临近毕业或者刚毕业的大学生及其父母,以及少数"半路"入行的新人经常会问这类问题。以下回答仅代表我的个人观点。曾经也有朋友批判我的观点很"土"、很落后,但是我受成长环境、教育程度、所处地域、认知能力等因素影响,暂时只能有这样的浅见。

我认为大型律师事务所和中小微型律师事务所没有绝对的优势与劣势之分。曾经有人用大医院与小医院的经营模式来类比律师事务所的经营模式。我认为这样的类比非常牵强,也不完全恰当。首先,医院科室相对较全,且需要不同的专业医师、大型医疗设备才可以正常开展工作,这样就需要较大的场地和空间,投入的资金自然也就非常巨大。而律师事务所只要有专业律师、电脑、网络、打印机和一间简易的办公室就可以正常开展工作,当然资本投入较大的律师事务所除外。其次,部分人对医师的工作模式有一定误解,认为一个医生仅治疗某个领域的专科疾病,需要协助就可以要求其他科室的专业医生予以配合。我向大型医院的主任医师请教过这一问题,他们说这是大家对专业医生的误解。作为某一领域的专业医生,并不是仅仅掌握和治疗某一领域的疾病就可以了,大部分专业医生都是一专多辅。因为大多数病人会有不同的情况,情况复杂,就算是某个领域的专科疾病,也有不同的发病表征,而且在治疗过程中,病情会有变化,所以每一个专业的主治医师都得有相对全面的医学综合知识,这样才能更好地给自己的病人提供专业治疗和服务。我们回到律师职业上来,实践中,经常有人问我:"你做什么领域的案件?"在我看来,他们问这样的问题,一是对律师行业不熟悉,二是受律政电视剧的影响,三是受少部分仅做特定专业领域法律服务律师的影响。有少数兼职律师,比如大学老师,他们的主要工作是教学和科研。于是他们仅做自己学科领域的案件,比如仅做刑事案件。还有少数律师,虽然执业证是专职律师,但实际仍是以律师工作为辅,以其他工作为主。比如,某民营企业的法务总监,工作量不算特别饱和,收入也不算特别高,于是兼做部分律师业务。再比如,以管理家庭和照顾孩子为主的执业律师,无太多精力学习多领域的法律专业知识,仅做婚姻家庭类的案件等。

一名律师如果想发展为某一领域的专家型律师,那么其必须具备非常扎实的综合法律知识。比如,想成为刑事辩护律师,除专业的刑事领域的法律知识外,还必须具备扎实的民商事领域、行政领域的法律专业知识。因为只有具备了较扎实的民商事领域和行政领域的法律专业知识,才可以为当事人提供较好的出罪理由或者犯罪阻却事由辩护。同理,专业的民商事律师,也要具备比较扎实的刑事领域、行政领域的专业知识。只有具备扎实的刑事领域和行政领域的法律专业知识才能更好地把控刑事法律风险和行政法律风险,给出专业意见。以下以案例①来进行说明:

A单位购买了一辆汽车,出于某种原因,汽车没有登记在A单位名下,而是登记在A单位司机B的名下。后来,因为司机B受到治安处罚,A单位将司机B开除。为此,司机B提起申诉。根据劳动协议,只有犯罪才能开除,而违反治安管理法的行为不是犯罪,司机B要求A单位根据劳动协议给予其二十万元的经济补偿。但A单位坚持不给,并停发司机B的工资。司机B一气之下将汽车开走,扬言如果不给补偿,汽车就不还给A单位。

为此,A单位向法院提起民事诉讼,指称司机B将A单位的汽车私自开走,要求返还。这在民事诉讼中,是返还财物之诉。法院开庭查明,汽车登记在司机B名下,根据登记在谁的名下就归谁所有的登记制度,法院驳回了A单位的起诉。

根据民事诉讼原理,本案首先要提起确权之诉,先解决汽车的归属问题,然后再提起返还财物之诉。但A单位被法院驳回以后,十分生气,就向公安机关

---

① 案例来源于陈兴良:《为什么民事纠纷可以阻却财产犯罪》,微信公众号"尚权刑辩",2019年10月29日。

报案,说司机B把A单位的汽车侵占了,并且拿出了购买汽车时A单位购车款支出凭证。为此,公安机关就把司机B给抓了,指控司机B构成职务侵占罪。

B的辩护律师提出的辩护观点是,司机B与A单位之间存在民事纠纷,即经济补偿款纠纷。如果存在纠纷,就不能构成犯罪。司法实践中,法院一般都采纳民事纠纷阻却财产犯罪的观点。1989年公安部下发的《关于公安机关不得非法越权干预经济纠纷案件处理的通知》中严令各地公安机关不得插手经济纠纷案件。1992年公安部发布了《公安部关于严禁公安机关插手经济纠纷违法抓人的通知》,同样旨在禁止这种严重的违法违纪行为,以纠正不正之风。1995年公安部再次发布通知《公安部关于严禁越权干预经济纠纷的通知》,对公安机关侦办经济犯罪案件中采取的强制措施进行了严格的要求。因此,这个案件起诉到法院以后,法院作出了无罪判决。

不得已,A单位只能又向法院提起民事诉讼,先确权,然后要求返还汽车,司机B提起反诉,要求经济补偿。

在该案的处理中,如果司机B首先寻求律师帮助,知悉私自开走汽车可能会面临的法律风险,直接提起劳动仲裁,那么司机B就不会遭受一场刑事审判。虽然最后作出无罪判决,但自刑事立案,至判决无罪这个过程,需要经过刑事侦查、刑事审查起诉、刑事审判等,是比较痛苦的。当然,如果该案中A单位首先委托律师提出正确的民事诉讼程序,即先申请车辆确权,那么就不用走到刑事报案的程序。我们仅是看到了简单的司法过程及案件结果介绍，往往容易忽视这个过程中所投入的时间、经济成本和其对当事人心理的影响，等等。同理，如果司机B在公安机关立案之前通知委托律师提出不符合刑事立案的专业辩护意见或者刚立案时就提出不符合刑事立案的专业辩护意见，公安机关便会作出不予立案决定或者撤销刑事案件决定，司机B就完全有可能不会被追究刑事责任。

以上所有专业知识的学习，并不会因为律师事务所规模的大小而有所不同。我们不要错误地认为大律师事务所人多，可以更好地进行团队合作，共同探讨案子的处理办法。这个在理论上是存在的，但在实践中大多数案件无法做到团体共同探讨。一是案件费用的问题，案件主办律师往往不会把案件费用分为多份，分配给参与讨论的各律师。同时，其他律师也有自己的案件需要办理，没有时间来熟悉其他律师承办的案件。不熟悉案件的基本情况，自然很难给出专业的意见。二是律所同事之间也存在利益冲突和竞争关系，所以即便其他律师有较好的意见，也不一定说出来。三是根据案件的代理或者辩护工作的要求，最多只允许两名律师出庭。律师多了往往容易相互依赖，对于绝大多数法律服务案件，真正在办理案件的还是出具代理或者辩护手续的一到两名办案律师。四是出于案件保密需要、律所管理需要等，即便是同一个律所，当事律师也不会把案件拿出来给其他律师公开探讨、学习。

当然，大型律师事务所也有很多优势，比如受社会关注度高（不仅是民众对其的关注度高，行政机关对其的关注度也很高），品牌效应好，业务范围更广泛，学习机会更多，提升机会更多，专业素养扎实的执业律师更多，以及相对而言分工更细化、制度性更强。分工细化，就意味着在某个领域必须有足够的业务来源。大型律所的律师如果无法做到在某个领域有足够的业务来源，就会陷入业务收入压力巨大而平台管理费相对较高的尴尬局面。同时，因为大型律所执业律师较多，各种管理手续及风控做得就相对更严格，管理相对来说缺少灵活性且不够人性化，所以专业分工环节更多一些，运作成本相对就高一些。

大多数中小微型律师事务所相对来说社会关注度不是那么高，几乎没有品牌效应，收费自然就低一些。同理，案件类型较单一，案件数量少，学习机会相对就少一些，律师的发展空间自然也就很小。由于分工性不强，中小微型律师事务所需要提供更多的综合型法律服务，其律师所需要掌握的法律综合知识也更多。同时，因为制度性相对不是很强，所以相对更人性化，运作成本相对低一些，律师之间的凝聚力也相对更强。

在我看来，大型律师事务所和小型律师事务所的优缺点各半。在实际工作中，执业律师个人的综合法律素养很重要。至于选择哪种律师事务所，我认为适合自己的就是最好的。

6. 律师是否会把工作中掌握到的对当事人不利的信息泄露给公权力机关？

答 这个问题已经有不少当事人问过我。我曾在涉嫌毒品犯罪的案件中，见到有执业律师把犯罪嫌疑人或者被告人不愿意向侦查机关、公诉机关、审判机关交代的事实，在取得当事人信任后向辩护律师陈述，辩护律师以会见笔录的形式向法院提交。我认为该辩护律师的做法违反了《律师法》的规定。

《律师法》第三十八条规定："律师应当保守在执业活动中知悉的国家秘密、商业秘密，不得泄露当事人的隐私。"

律师对在执业活动中知悉的委托人和其他人不愿泄露的有关情况和信息，应当予以保密，但是委托人或者其他人准备或者正在实施危害国家安全、公共安全以及严重危害他人人身安全的犯罪事实和信息除外。

我认为委托人或当事人与律师在交流的过程中提及的内容，只要委托人或当事人不涉及准备或者正在实施危害国家安全、公共安全以及严重危害他人人身安全的犯罪事实和信息，律师均不得泄露。至于委托人或者当事人的隐私，交流中所涉及的已经实施完毕的违法、犯罪行为，甚至是已经实施完毕的危害国家安全、公共安全以及严重危害他人人身安全的犯罪事实和信息，律师均需要保密，不得向他人泄露。

曾经有当事人向我陈述，他曾咨询过一名律师，但出于各种原因最终没有委托该律师,该律师要求当事人把他名下的一台汽车过户给该律师,否则就揭发其在交流过程中知悉的犯罪事实。如果该当事人所陈述的是事实,那么该律师涉嫌敲诈勒索犯罪。此外,即便该律师到相应的机关去揭发该当事人陈述过的犯罪事实,相关机关也不应当采纳。因为其揭发行为首先是违法行为(违反了《律师法》第三十八条的规定)。其次,法律应该禁止在执业过程中知悉委托人或者当事人相关事实的专业人员作为证人。《刑事诉讼法》第六十二条规定:"凡是知道案件情况的人,都有作证的义务。生理上、精神上有缺陷或者年幼,不能辨别是非、不能正确表达的人,不能作证人。"虽然《刑事诉讼法》没有对这种情况做禁止性规定,但实践中,一旦委托人或者当事人与律师谈好委托事宜,律师一般也不会泄露其所知悉的案件事实。如果仅是一个阶段性的服务,甚至只是委托前的咨询服务,还是免费咨询,没有签订任何书面的咨询文件,那么法律就不会对其作为证人作出禁止性规定。综上所述,这确实容易让委托人或者当事人没有安全感。

7. 律师与国家公权力机关的法律人是什么关系?

答 由于个人的知识面比较窄,这个问题又比较难,我仅凭自己的感觉浅谈几点,不一定正确,供大家参考。我想,提问者是想在法律相关职业中找到适合自己的职业。

◎**直观差异**

　　关于律师的性质,建议大家学习一下陈卫东主编的《中国律师学》,书里的介绍非常详细。按照2017年修正的《律师法》,我个人是属于依法取得律师执业证书,接受委托或者指定,为当事人提供法律服务的执业人员。兼职律师与全职律师仅有兼职与全职的差异。现在依然有公职律师,但我向部分公职律师了解情况后得知,他们不需要做任何律师工作。大家可以结合"律师是干什么的"和"委托律师有什么作用"两问对律师职业多做一些了解。

　　我认为国家公权力机关的法律人主要有法官及其辅助人员,检察官及其辅助人员,监察人员及其辅助人员,侦查人员及其辅助人员,行政执法人员及其辅助人员,法律法学教学、科研人员及其辅助人员,立法人员及其辅助人员,等等。国家公权力机关的法律人享有国家的财政工资收入,依照其所在的工作岗位完成单位要求的工作任务。他们的分工相对律师职业来说更细致。比如,负责审理刑事案件的法官,一般就只需要审理刑事案件。他们享受国家公职人员的待遇,工作和收入都比较稳定。比如,《中华人民共和国法官法》(以下简称《法官法》)第五十八条规定:"法官实行与其职责相适应的工资制度,按照法官等级享有国家规定的工资待遇,并建立与公务员工资同步调整机制。"《中华人民共和国检察官法》(以下简称《检察官法》)第五十九条规定:"检察官实行与其职责相适应的工资制度,按照检察官等级享有国家规定的工资待遇,并建立与公务员工资同步调整机制。"但是,律师是没有稳定的业务来源保障、稳定的收入来源保障,以及各种福利待遇的自由职业。

◎ **微观差异**

我认为律师与国家公权力机关的法律人在刚入行时的收入、学习模式等方面存在较大差异。律师需要高度的自律性和自主学习的自觉性,也需要非常明确和坚定的职业目标。刚进入实习阶段的律师,只有认同所在律师事务所的管理制度,与律师事务所签订劳动合同,指导律师才会用心教授其执业技能和方法,以及开拓业务的方式方法。如果个性较强的人,不愿意签订劳动合同,恐怕很难找到实习的律师事务所。即便找到了,一般也没有指导律师愿意对其进行指导。因此,实践中,有的实习律师即使实习了两三年也没有取得律师执业证。此外,大部分人在实习期间都得以学习为主,不会做具体业务,所以收入非常微薄,部分实习人员会因为收入太少或者没有收入而不愿意去学习和做具体事务。如此,就进入了恶性循环,最后慢慢被这个行业淘汰。实习律师进入律师事务所满实习期后,只要取得律师执业证就可以自由地转所,而在实习期间基本是以学习为主。很多年轻实习律师对做律师的意志不坚定,且物质欲望相对比较强,希望实习期就拿高收入,取得律师执业证后就立即转所。久而久之,律师事务所和指导律师都不愿意轻易接受实习律师。这个就是律师行业的现状,不算什么坏事,只能说明物质欲望太强的人做不了清贫的律师职业,至少是熬不过实习期和执业初期的。这也是律师与国家公权力机关的法律人的较大差异之一。这与大家在电视剧里看到的律师都是开豪车,随时进出高档咖啡厅、酒吧的情形完全不一致。

如果是非常热爱律师行业的人,在实习期间,甚至是执业初期,会不在乎收入,也不怕吃苦,积极参与实践学习。没有实践工作任务的时候则静心坚持学习案例、理论知识等。如此,就会进入良性循环,机会增多,专业知识也逐渐变得扎实,五年、十年以后,这种人就会成为律师行业当中的佼佼者。总之,这些都是律师职业的特性。律师职业是个厚积薄发的职业,律师需要有终身学习的精神,需要有不断思考和总结的习惯。一旦成为律师行业中的优秀者,律师就会有更高的经济收入,工作内容的可选择性会更强。而国家公权力机关的法律人,我觉得比律师的入门门槛更高,难进难出。不过,一旦进入就会有比较稳定的收入和工作环境。

相对于公权力机关的法律人来说,律师的职业生涯更辛苦,需要学习的专业知识领域更广泛。律师职业有很多苦,有很多委屈,也有很多无奈。从国家的治理到我们生活的方方面面都涉及法律问题。张思之老前辈曾经说过,律师要有哲人的智慧,要有诗人的激情,要有法学家的素养,要有政治家的立场。这"四要"说出了律师的苦。律师既要认真学好专业知识,又要积淀智慧,无论多么辛苦都要充满激情地工作,还得像法学家一样具有较高的法学理论素养。在进行代理或者辩护工作时,律师还必须有正确的政治立场。律师既要做到在专业上不犯错误,也就是在法律的正确实施上不犯错误,又要恰当地处理好与委托人(甚至是委托人的家属)、委托人的相对方、第三方、监察机关、侦查机关、检察机关、审判机关、执法机关等的关系。从一定程度上说,律师就好比夹心饼干中的夹心一样,处理不好与任何一方的关系都有可能出问题,甚至还有可能遭到打击报复,或涉嫌违法犯罪。

委托人与律师事务所及律师之间在法律上是委托关系,实际上也存在雇佣与被雇佣的关系(实践中大家都认为是合作关系。在委托人提出非法要求或者不合理要求时,律师可以拒绝代理或者辩护)。在工作中,律师需要向委托人报告代理或者辩护工作的进展,委托人有权在合法范围内提出自己的要求。接受当事人的委托,为当事人提供专业法律服务,并收取服务费用,这是律师的生存之道。但是,现实往往不会像我们想象得那么简单。只有律师的法律专业水平足够高,才会被委托人选择。有时候,当事人会本能地提出各种合法权益之外的要求,甚至不惜花费高额委托服务费用来满足自己的这一要求。这个时候,我们律师的物质条件不论是好还是差,都必须清晰地认识到自己只能依法维护当事人的合法权益,即便给再高的服务费用,也不可以违法犯罪。因为我们一旦在代理或者辩护工作过程中涉嫌违法犯罪,轻则被行业处分,重则会被吊销律师执业证或者被追究刑事责任,后果非常严重。

记得刚开始执业那几年,总有人希望我帮他们钻法律空子。曾经有一个客户说我太死板。我回答他:"我的自由无价,我的职业生涯无价,我的职业道德一样是无价的。"他接着说:"这个世界上的东西都是有价的,包括你的律师职业。"我回答:"也许对于你来说是有价的,但是对于我来说是无价的。因为人的一生中有太多东西比你所说的价(钱)重要,比如生命、健康、自由、亲情、职业归属感等。我固然喜欢钱,但是'君子爱财,取之有道'。再多的物质财富,如果是在违法犯罪基础上得来的,那么这种物质财富最好不要。如果得到物质财富后连花的机会都没有,那么和没有毫无差异。在死亡和失去自由面前,对大部分正常的人来说物质财富是没有什么价值的。"大多数人苦读书,从事律师职业的初始目标是填饱肚子,养活家人。当努力达到这个目标后就会发现,职业归属感和实现职业价值比所谓的钱财更重要。因为只要坚持执业,就会有持续的收入。只有依法依规执业,才会有长期甚至终身的职业生涯和执业收益,才能让自己及家人过上相对富裕的生活。对于物质,像我这种做刑事辩护较多的律师都看得比较淡,因为我们几乎一年四季都在阅读因违法犯罪而付出了巨大代价的"活教材"。说得通俗一点,若有钱就一家人吃、穿、用好一点,若没有钱就过得节俭些,两者都是幸福的。自由的直观价值是什么? 是今天感觉比较好就多工作、多学习一会儿;今天感觉比较累就少工作、少学习一会儿;在不影响工作的情况下,想什么时候吃饭就什么时候吃;周末和假期想早起就早起,想睡懒觉就睡懒觉;与家人共同进餐,共同看看电视剧、电影;等等。然而,这些最基本的幸福是死去的人、失去自由被羁押在看守所或者监狱的人无法享有的(以上这些是我的一个好友的陈述。那时,他经营公司失败,特别痛苦、沮丧,我带着他去旁听我辩护的刑事案件,旁听完第二天他对我说了这些话)。虽然,人生更多的是需要纵向比较,但是像我这样的基层事务性律师就是处在经常横向比较的环境中的。所以说,律师如果少一些物质欲望,就会更幸福一些。

我们生活在一个最好的时代,只要我们在自己的职业中足够坚持、认真工作、认真学习,我们都会获得生活所需的物质基础,都能为家人、社会做一些力所能及的事情。难道这些不是我们所要的人生与幸福吗?与我对话的这个人是两家公司的老板,找我几次后因为所提供的材料经不起初步审查被我拒绝。这次谈话之后,大概有五年时间,他再也没有找过我。再后来,他联系我时已经是他的经营状况比较糟糕的时候了。我也仅是在时间方便的时候给他提供一些免费的咨询服务,但仍拒绝代理他的任何案件。后来他和我说,他找我做的事情都是纯专业领域的,凡属于要协调关系的他都不会找我。

律师要坚守职业道德、坚守法律底线,不能用自己的法律专业知识维护当事人的非法权益,更不能用自己的专业知识帮助委托人获取非法利益。当然也不能在代理或者辩护工作中损害其他人的合法权益,包括不能损害党和国家、社会的合法权益。其实这与律师依法维护当事人的合法权益,维护法律正确实施,维护社会公平和正义是一致的。在不能涉嫌违法犯罪方面,对国家公权力机关的法律人与律师的要求是一致的。

相对于国家公权力机关的法律人,律师手里没有任何公权力,所以在执业过程中遭遇的困难会更多一些。

我曾经到一个基层法庭参加应审活动,那个法庭所在地比较繁华,人多车堵,停车比较难。我停下车后匆忙赶着去开庭,竟忘记拿律师袍,到法庭时,离开庭时间仅剩五分钟了。于是,我马上和主审法官说明自己忘记带律师袍,并申请去拿一下。主审法官说:"你可以去拿,但是你一定会迟到。你迟到了的话,我就要对你的迟到行为作出处理。"两害相权取其轻,于是我选择不穿律师袍。开庭时,我因为没有穿律师袍出庭而被当庭训斥,并被要求庭后写一份检讨书交给法庭。开完庭后,当我写了一份检讨书交给这位法官时,他说:"其实你可以不用写的,我开庭当天心情不好,这件事情是我没有处理好。"我也向他解释:"其实没有穿律师袍出庭本来就是我不对。能用一次检讨来警示自己及同事,这样多好啊。"自此以后,我再也没有忘记过穿律师袍。

还有一次,我处理了一个交通事故纠纷。那时,我刚开始执业不久,为受伤的乘车人做代理。客运车与一辆混凝土搅拌车发生交通事故,交警认定混凝土搅拌车承担主要责任,客运车承担次要责任。于是,在代理受伤的乘车人起诉的时候,我把混凝土搅拌车上的所有人、保险公司 A(混凝土搅拌车所投保公司)、客运车辆的驾驶人、保险公司(客运车购买座位险的保险公司)均作为被告起诉。开庭时,审判人员因为我把客运车一方的保险公司作为被告起诉,当庭质问我的专业性,还要求我当庭撤回对客运车一方保险公司的起诉。最后,我心平气和地当庭写了撤诉申请。当时,委托人及其家属都在法庭上,我比较尴尬。这个案件最后的判决结果是我当事人的诉讼请求完全得到了支持,他该获得的赔偿一分钱没有少。上面所举没有穿律师袍的案件,诉讼请求也完全得到了支持。

类似这样的情况很多,比如在刑事案件的当庭辩护中,我曾经遇到过只要辩护人一说话公诉人就各种打断,甚至语言带有攻击性。如果辩护律师哪里说得不恰当,公诉人还会当庭发脾气。而个别委托人会因为这些尴尬情况而觉得自己找的律师不够专业,继而对律师冷嘲热讽。这些都是律师的"委屈"。律师必须妥善地处理好这些"委屈",处理得当就是我们的成长。

这些所谓"苛刻"的细节会敦促我们养成谨慎的执业习惯,从而成就更好的自己。我们必须明白,无论是律师,还是当事人,又或是侦查人员、监察人员、检察人员、审判人员等,他们都是生活中的普通人,都会有自己的喜怒哀乐,所以难免偶尔会把负面情绪带到工作当中去。对我个人而言,只有开罚金的时候以法定范围内的最高金额来开,写起诉书出量刑意见的时候往最重的档去量刑,下判决的时候往法官权限范围内的最重刑期判处等才是最大的"委屈"。

作为律师,当正确的专业意见不被采纳的时候会很无奈;当工作已经尽力,但因为没有得到好的结果就不被委托人理解时会很无奈;当事人能配合而不配合的时候很无奈;法官在未知会的情况下确定开庭时间很无奈;当事人选择委托但又不信任自己时很无奈。

以下,以戴某涉嫌信用卡诈骗犯罪案件为例进行说明。

戴某涉嫌信用卡诈骗犯罪,涉案金额八万余元。根据案发情况,可以清楚地查明就是戴某实施的犯罪行为。家属进行了赔偿并取得被害人的谅解,最后戴某被判处了有期徒刑五年,并处罚金八万余元。二审期间,律师对一审的判决书作出充分的分析,并说明了二审期间可以提出的辩护观点,但是也做了二审期间辩护观点可能不会被采纳的法律风险告知。家属说他们就一个孩子,不可能放任不管,钱花了他们可以再去赚,只要有改判的希望就要尽力争取。

戴某一审的辩护人可能是出于辩护方案的考虑,并未对戴某做积极认罪认罚的引导。刚开始戴某坚持不认罪,律师会见后也没有根据案件情况说服戴某认罪。到了检察院审查起诉阶段家属才退赔并获得了谅解书,戴某也才当庭认罪悔罪,并提交了悔罪书。辩护人提了三条辩护意见:一是戴某构成了自首情节;二是戴某家属赔偿了被害人经济损失并取得了谅解书;三是戴某系初犯、偶犯。然而,一审阶段的公诉人和审判人员都是重刑主义者,于是戴某被判处有期徒刑五年,并处罚金八万余元。二审阶段时,我会见戴某,给戴某提出如下意见:第一,认罪认罚,而且认罪态度要好,不要一次认罪一次不认罪,这样前后态度不一致对量刑非常不利。虽然一审阶段认罪态度不算特别好,但总体上案件情况已经交代清楚,二审阶段争取让法院确认构成坦白的情节。第二,按照以往案件,既然家属有退赔的意愿,那么在侦查阶段就应该尽快退赔,并取得谅解书交给侦查机关。按照这类案件的常规经验,只要在侦查阶段认罪,且家属愿意退赔,基本都可以办理取保候审。一旦办理了取保候审,并有了坦白情节,退赔并获得谅解书,那么基本上就能被判处缓刑。大多数因为犯罪情节较轻而可以办理取保候审的刑事案件都是在侦查阶段更容易办理。既然如今为时已晚,那么二审阶段的认罪悔罪态度就要诚恳,再争取一次。第三,争取把二审阶段的辩护观点再说得透彻一些,把量刑问题也说得透彻一些。得到了戴某的同意后,二审阶段我做了如下辩护(以下辩护意见得到了委托人的同意):

一、依照《刑法》《最高人民法院关于常见犯罪的量刑指导意见》及其他相关法律规定,本案按照信用卡诈骗涉案金额85925.81元计算,最高可以判处刑期:5年146天。理由如下:

起诉书上认定的骗取人民币合计85925元。依照《刑法》第一百九十六条、《最高人民法院、最高人民检察院关于办理妨害信用卡管理刑事案件具体应用法律若干问题的解释》第五条及其他相关司法解释的规定,该金额属于数额巨大,按照5万到50万元数额的量刑幅度为5年以上到10年以下有期徒刑的量刑规定,5万元为有期徒刑5年,50万元为有期徒刑10年,每增加9万元增加1年的刑期,最后的刑期为:5年146天。

计算方法如下:5万元为5年的有期徒刑;45万

元（50 万元－5 万元＝45 万元）÷5 年（10 年－5 年＝5年）＝9 万元/年的刑期，即在 5 万元判处 5 年刑期的基础上，每增加 9 万元就增加 1 年刑期。9 万元÷365天＝246.58 元/天的刑期，即 5 年以上每增加 246.58元就增加 1 天的刑期；（85925.81 元－50000 元）÷246.58 元/天＝145.7 天。

二、依照《最高人民法院关于常见犯罪的量刑指导意见》，被告人有以下几个量刑情节。被告人于某年某月某日提交了悔罪书，并且其当庭认罪认罚。依照《最高人民法院关于常见犯罪的量刑指导意见》，当庭自愿认罪的，可以减少基准刑的 10%以下。被告人的家属已经对被害人进行了赔偿，并签订了民事赔偿和解协议书、刑事谅解书、收条。依照《最高人民法院关于常见犯罪的量刑指导意见》的规定，对于积极赔偿被害人经济损失并取得谅解的，综合考虑犯罪性质、赔偿数额、赔偿能力，以及认罪、悔罪程度等情况，可以减少基准刑的 40%以下。

依照《最高人民法院关于常见犯罪的量刑指导意见》的规定，有多个量刑情节的，一般根据各个量刑情节的调节比例，采用同向相加的方法调节基准刑。综合以上量刑情节，被告人单依照当庭认罪悔罪、对受害人赔偿并取得谅解书两项就可以减少基准刑的 40%—50%，依照该量刑幅度上诉人最终的量刑刑期为：986 天至 1183 天之间，即 2 年 8 个月 16 天到3年2个月28天。

计算方法如下：5年×365天＋146天＝1971天；1971天×（1－50%）＝985.5天；1971天×（1－40%）＝1182.6天。

也就是说，上诉人的量刑期间为985.5天至1182.6天之间，即986天至1183天，刑期为2年8个月16天到3年2个月28天。

三、由于被告人是初犯、偶犯，被告人才××岁，未来的路还很长，且被告人现在认罪、悔罪态度良好，也考虑到被害人存在前期的管理不当行为，恳请法院从轻、减轻判处被告人，给被告人一个尽快回归社会的机会，辩护人建议判处被告人3年有期徒刑，并适用缓刑。

但是该案二审阶段并未改判。之后，委托家属找到律师事务所，说了很多过激的话。再后来，我有机会再次请教了二审审判人员不改判的原因。他说："你的量刑辩护意见有道理，但是量刑意见中是'可以'减少基准刑，那么我是不是也有权不减少？另外，按照你的辩护意见，一审已经减少了近146天的刑期。"最后，这个案件的委托人又让我帮他们免费书写了再审申请书，他们打算自己申请再审。

在这起案件中，律师的辩护观点没有得到审判人员的采纳，辩护工作也没有得到委托人的认可。这就是律师的无奈。还有极少部分委托人，即使律师已经说得非常详细，包括案件流程、需要的时间等,他们仍旧天天催着律师去跟进。律师说什么他们都听不进去,更有甚者会怀疑律师与其他人串通,损害自身的合法权益。有的当事人干脆反问律师:"我委托你的目的就是等着吗?"这个时候,律师只能解释,委托的时候就已经告诉过他案件所需要的时间及流程,并明确告知律师没有能力和权力改变程序和加快案件办理进度,如果不能接受,就建议解除委托。前面已办理的事情只收取一定的成本费用,其他均可以退还给他们。当事人虽当时表示理解,但是过一两天又如此反复。部分时候,律师就是在面对这样的当事人。只有处理好这些事情,律师才能更好地前行。

类似这样结果不好的案件,委托人或者当事人不会去找国家公权力机关的法律人吵架,因为他们畏惧手里有公权力的人,但是律师做得再好,只要结果不好,他们就会反复找麻烦。这也是律师与国家公权力机关法律人的差异之一。

律师相对于国家公权力机关的法律人更有危机感。但危机感十足的职业环境造就了律师的专业成长优势。一是当事人及其家属、监察人员、侦查人员、检察人员、审判人员、行政执法人员以及其他人员的专业监督,促使律师不停提高自己的专业水平。一旦专业水平不行,首先面临的就是无事可做,无生活来源,间接失业。二是在专业领域做不好会被自己的当事人及其家属看不起,被其他法律人看不起,甚至被打击,以致走上错误道路。所以,律师执业如逆水行舟,不进则退。三是在执业过程中,危机感十足的工作环境"迫使"律师加强法律专业的学习,加强职业道德的学习,加强服务意识的培养。坚持依法依规执业,坚持应有的专业谨慎,坚持应有的服务态度,坚持敬业精神。一定要认识清楚,正是因为有很多不懂法、不愿意学法甚至不守规矩、不守法的人存在,才有律师职业及其他法律职业存在的必要。每一种职业都是因为被需要而存在的。道理很简单,只是在职业成长的道路上容易被忽视。四是危机感十足的工作环境迫使律师加强智慧的积累。律师的工作环境及经验告诉律师必须用慧眼看世界。律师自己必须清楚地认识到,并告诉自己的当事人,无论是审判人员、侦查人员、检察人员还是其他公职人员,他们在工作中有情绪都是正常的,因为他们也是普通人,也会有喜怒哀乐。律师必须清楚地认识到,为当事人提供法律服务是工作需要,只能维护当事人的合法权益。律师要谨慎对待当事人所讲述的事情,针对当事人所提供的资料要审查其合理性、合法性,否则会有隐患。五是律师要有服务意识。帮助我们身边的每一个亲人、朋友、客户依法依规行事,指导他们不违法、不违规,才是律师的首要工作。违法或者犯罪后的代理或者辩护工作只是我们律师第二阶段的工作内容。所谓预防比治疗更重要就是这个道理。只有我们为这个社会创造更多的价值,我们才会变得更有价值。六是律师在执业过程中要有正确的政治站位。曾经有人说遭政府恨的律师才是好律师。我完全不敢苟同。不可否认,有公职人员公权私用的情况,有违法违规的行为,但那是个人行为,完全不是党和国家的意思。就好比每天都有人在违法犯罪,我们也不能说社会上的每一个人都是坏人。其实我们身边很多人都在混淆这个概念。律师只能维护当事人的合法权益,绝对不能维护他们的非法权益,不能在代理或者辩护工作中做损害党和国家、社会利益的事情。要知道,没有党和国家设置律师制度,这个行业就不会存在。律师的职业使命就是维护当事人合法权益、维护法律正确实施、维护社会公平和正义。

相对于国家公权力机关的法律人,律师这个职业更加个性化。我认为,一旦熬过了执业初期,熬过了以上提到的各种职业之苦,快乐的职业生涯就开始了。一旦自己真正接受了这个职业的特性,能较好地看待人性特征和处理各种矛盾,就会发现律师这个职业不仅专业适用性强,执业专业领域可自主选择性强,专业成长空间也非常大。只要积累了较多的法律专业知识,熬到了游刃有余的时候,有正确的人生观、职业价值观、社会责任感,有维护社会公平和正义的职业使命,有服务他人、社会和国家的精神,律师就是一个其乐无穷的职业。此外,一个业务成熟的人可以更个性化地执业。比如,选择自己真正喜欢的业务领域,选择学习机会较多的执业方式,等等。总之,业务的多少和领域都由自己控制。工作内容和工作量的选择自由是国家公权力机关法律人不太可能拥有的。

律师与公权力机关的法律人都是法律共同体,只是在中国特色社会主义法治道路上扮演着不同的角色、发挥着不同的作用而已。我们都在为中国特色社会主义法治建设而服务。我们都需要有法律人共同体意识和法律人协同的共识。共识是奋进的动力。①律师不能因为收取了委托人或者当事人的服务费而为之放弃法律底线。公权力机关的法律人不能因为自己手里有公权力而为所欲为,公权私用,干违法犯罪的事情。对于包括当事人在内的诉讼参与人而言,违反刑事诉讼法的后果,轻则被国家专责机关作出不利诉讼决定,或者被采取强制措施,被作出强制性侦查行为,重则被追究民事责任、行政责任乃至刑事责任。②法律面前人人平等,欲做好法律人,必先做好学法、守法榜样。我们共同的目标就是以事实为根据,以法律为准绳,站好自己的法律岗位,做好法律工作。我们每一个职业群体缺一不可,各有价值。

8. 做了律师后有没有觉得和自己学习法学的初衷有所违背,还是本身就是想从事律师这个职业?

答 我刚开始学习法律的时候并没有对法律职业抱有很高的期望,只是想通过当时的司法考试(现在的国家统一法律职业资格考试),然后从事律师职业,以此谋生。我自上大学的时候起就没有想过考公务员或者事业单位或者当教师。当时(2004年底时),法学专业在十大冷门专业中排第一,但我认为法学不仅实用性强,而且学好法学可以用法律武器维护自己的合法权益。然而,当时我所熟识的律师,发展得都不是

---

① 习近平:《习近平谈治国理政》(第三卷),外文出版社,2020年,第326页。
② 陈瑞华:《刑事诉讼法》,北京大学出版社,2021年,第6—7页。

很好,偶尔接触到他们办理的案件,感觉他们都不钻研专业,而更多的是在协调关系。因此,我对律师行业就没有太多的憧憬与向往,甚至有一段时间想放弃法律。后来,我无意间看了《律师视点》这个节目。在这个节目中,我记忆比较深的两名律师是张思之律师和我们云南地区的刘胡乐律师。被两名律师激励之后,我开始加强了法律的学习。

后来,我干脆把想做律师的梦想说了出来,但遭到了身边大部分人的嘲笑与反对。他们一致认为,要做律师必须得从名校毕业;司法考试通过率太低,大部分人是考不过的。在没有考过司法考试之前说想做律师是一种狂妄的想法。部分人认为,律师应该是有钱人家的孩子选择的职业,因为只有有钱人才会聘请律师,才会需要律师。穷人没有办法把律师职业做起来。此外,还有人认为,要想在律师行业发展下去必须找到知名大律师做指导老师,否则无法得到好的发展。

无论遭到多少嘲笑与反对,我还是坚持自己的梦想。通过对《律师视点》的学习,我辨明以上对律师的"认为"都是误解和偏见。只要把这个专业学好了,或者说把任何一个专业学好了,总会有用武之地的。国家既然开设了这个专业,总有它的社会价值。当自己还看不清楚它的社会价值,且又没有更好的方向时,就应该坚持好好学习。

当时,"成功学"很盛行,我也受到了它的影响。于是,我变得急功近利,只看当时的司法考试辅导资料。所以,直到我通过考试,我也没有系统地通读过一本法学书。进入律师事务所实习后,指导律师安排我写法律文书,我才发现自己在法律人职业方面只算得上一张白纸。后来，熟人找我代理案件，我发现自己懂得的法律知识实在太少，加之在面对公、检、法的工作人员时经常不知道如何应对，我意识到自己需要进行系统性的学习。学习一段时间后，我参加了法学专业的研究生考试。前两年都没有考上，后来业务慢慢多了起来，我也没有时间在学校脱产读书，加之考在职法律硕士研究生相对容易一些，于是便考了在职法律硕士研究生。就这样，通过学习，我对律师职业的认识慢慢加深，并渐渐爱上了这个职业。硕士研究生毕业后，我继续参加刑事诉讼法的法学博士研究生考试（没有考上法学博士）。记得当时有位博士生导师建议我坚持考到四十岁左右，因为我当时法学基础知识比较薄弱，如果坚持学到那个时候，就可以打好基础，在行业里也更容易出成绩。然而，当时我非常不理解。一年多后（2021年初），我才完全理解导师的说法，所以我现在是处于静心学习的阶段。在律师职业方面，我觉得自己是幸运的，也是幸福的。现在，在做好业务的同时，我会根据所做业务的需要来学习，并同步推进自己的学习计划，根据自己的情况，把握每天的学习进度。同时，我学会了适当放下一些业务，留时间给自己学习。我清晰地认识到学习是一辈子的事情，也学会了多学科交叉学习，实践与理论结合学习，等等。

为什么我觉得自己是幸运的，也是幸福的呢？我现在每办理一个案件，都把它看作自己学习和实践的机会。带着这样的心态执业，幸福感就会强很多。理论一旦脱离了实践，就会成为僵化的教条，失去活力和生命力。[①]实践是理论的源泉。律师不仅可以将实践与理论结合起来，也可以边实践边思考，相比纯理论学习更容易一些，因为很多知识点在运用中会变得更容易理解，没有那么抽象和枯燥。

因此，做了律师后，我并没有觉得违背了学习法学的初衷。

9. 从律师的角度看，法律和道德哪一个更重要？

答 这个问题很难，我确实没有能力回答好，仅谈一点自己的感受。我认为法律和道德一样重要。在新的历史条件下，我们要把依法治国基本方略、依法执政基本方式落实好，把法治中国建设好，必须坚持依法治国和以德治国相结合，使法治和德治在国家治理中相互补充、相互促进、相得益彰，推进国家治理体系和治理能力现代化。[②]万事万物都不是绝对的，法律无法对生活中的所有问题都作出规定，道德也无法感化生活中的每一个人。道德是法律的有益补充。有些不适合由法律调整的，或本应由法律调整但因立法滞后，无法可依的，道德就成为法律的有益补充。当有些人、有些事无法用道德调整或者道德标准有失公平公正、不利于社会更好发展时，

① 李林、莫纪宏：《全面依法治国 建设法治中国》，中国社会科学出版社，2019年，第23页。
② 习近平：《习近平谈治国理政》（第二卷），外文出版社，2017年，第133页。

法律就是道德的保障。中国特色社会主义法治道路一个鲜明的特点,就是坚持依法治国和以德治国相结合,强调法治和德治两手抓、两手都要硬,这既是历史经验的总结,也是对治国理政规律的深刻把握。[①]有些道德问题在社会的发展中逐步被发现对社会管理是非常重要的,如果不加以管理,会对社会发展造成危害。基于此,立法者就会将这些道德问题纳入法律规范。同理,随着社会发展,有些法律规范不再适合社会的管理和矛盾纠纷的解决,立法者就会废止这些法律规范而转为用道德调整。法律是准绳,任何时候都必须遵循;道德是基石,任何时候都不可忽视。[②]法律是成文的道德,道德是内心的法律,法律和道德都具有规范社会行为、维护社会秩序的作用。[③]当它们彼此空缺或者不利于调整行为时,可以相互补充。以下举两个案例。

案例一,女朋友和母亲同时落水,身为男朋友和儿子,应该先救谁?[④]从道德的角度来讲先救谁都可以,但是从法律的角度上来讲,必须先救母亲。因为依照法律,母亲是儿子的直系亲属,在母亲面临生命危险时儿子有法律上的救助义务。如果儿子具备救助条件而不救助,或者选择先救助女朋友导致母亲溺水身亡,那么儿子就可能构成不作为的故意杀人罪或者遗弃罪。

---

① 习近平:《习近平谈治国理政》(第二卷),外文出版社,2017年,第134页。
② 习近平:《习近平谈治国理政》(第二卷),外文出版社,2017年,第133页。
③ 习近平:《习近平谈治国理政》(第二卷),外文出版社,2017年,第116页。
④ 张明楷:《张明楷刑法学讲义》,新星出版社,2021年,第85—90页。

案例二,在共同犯罪案件中,先行到案或者被抓捕的犯罪嫌疑人,如实供述了案件情况,并协助抓捕同案犯。这种行为虽然合法,但是与我们生活中大部分民众的道德观是相违背的。B与A的妻子发生了婚外情,A知道后,一气之下约了好朋友C和D毒打了B一顿,导致B重伤。案发后,A非常后悔,主动到公安机关投案,如实供述了案件情况,并协助公安机关抓捕了C和D。最后,A因为有主动到案的自首情节和协助抓捕同案犯的立功情节被以故意伤害罪判处有期徒刑三年,而C和D被以故意伤害罪判处有期徒刑五年。在该案中,A的行为可以说与我们生活中大部分民众的道德观是严重相悖的,但是完全符合我国的法律规定,也是法律鼓励的行为。因为A主动到案后的如实供述和协助抓捕,大幅度减少了案件侦破的司法资源投入。虽然打人这一故意伤害行为的发起者是A,但是其认罪悔罪、改过自新有利于秩序社会的发展,也有利于自身尽快回归社会,是法律鼓励的行为。

讲到这里,有人会问:婚外情是违法行为,还是违反道德的行为? 针对这个问题,部分法律人的解答是:婚外情只是违反道德的行为,不是违法行为。我认为婚外情既是违法行为,也是违反道德的行为。因为婚外情违反了《中华人民共和国民法典》(以下简称《民法典》)第一千零四十三条规定,即"家庭应当树立优良家风,弘扬家庭美德,重视家庭文明建设。夫妻应当互相忠实,互相尊重,互相关爱;家庭成员应当敬老爱幼,互相帮助,维护平等、和睦、文明的婚姻家庭关系"。

10. 在我们国家现在的法治环境下,律师处理起案件来,有没有可以改进的地方?

答 答案是肯定的。我认为,我们一直都在走向更好的路上。党的十八大以来,以习近平同志为核心的党中央强调依法治国是坚持和发展中国特色社会主义的本质要求和重要保障,是关系我们党执政兴国、关系人民幸福安康、关系党和国家长治久安的重大战略问题,其更加重视充分发挥法治在治国理政和社会主义现代化建设中的重要作用,大力加强中国特色社会主义法治道路、法治体系和法治理论建设,全面推进依法治国、加快建设社会主义法治体系,努力把我国建设成为社会主义法治国家。① 如今,我们的法治建设取得了前所未有的巨大成就②,党的十九大把"法治国家、法治政府、法治社会基本建成"确立为到2035年基本实现社会主义现代化的重要目标。作为法律职业群体中的一员,律师要珍惜来之不易的良好法治环境,抓紧机会夯实法律基础,踏实做好法律服务。同时,也要顺应时代,抓住这大好的机遇,提高自己的专业知识和技能,力争做法治中国建设的参与者。我认为,作为执业律师的我们至少还可以从以下几方面努力,争取让自己

---

① 李林、莫纪宏:《全面依法治国 建设法治中国》,中国社会科学出版社,2019年,第9页。
② 李林、莫纪宏:《全面依法治国 建设法治中国》,中国社会科学出版社,2019年,第11页。

做得更好。

◎ 夯实自己的法律基础知识

部分人认为,只要通过了国家统一法律职业资格考试,而且在律所度过了实习期,法律基础知识掌握得不错,就能放松学习了。随着中国特色社会主义法治体系越来越完善,知识点也越来越多,不学习就很容易在法律实践当中出错误。我们的错误,会直接导致当事人承担不利后果,当然也有可能需要律师和律师事务所一起或者单独承担这个不利后果。很多时候,律师在案件的代理或者辩护工作中必须有整体意识,否则很容易顾此失彼。当事人委托律师的目的是希望借助法律专业知识作出恰当的处理。这就需要律师具备综合的法律专业知识,甚至法律知识之外的综合知识。以下通过案例来解释说明。

案例一,某公司有 A、B 两个合伙人,B 合伙人没有参与公司的实际管理和经营,但派自己的侄女在公司担任财务负责人。B 因为个人资金紧张,在口头征得 A 的同意后,便从公司的对公账户转出了一些资金到财务人员的账户上,然后转给自己使用。之后,因为 A、B 在经营过程中发生了矛盾,A 把这个情况告诉了自己的律师。律师在没有考虑其他因素的情况下就直接以公司财务人员涉嫌职务侵占向公安机关报案。公安机关立案后,对公司财务人员进行了刑事拘留,拘留期间该财务人员又以 A 在公司经营的过程中有逃税行为向公安机关进行举报。最后,A 因为涉嫌逃税而被刑事立案。

案例二,D是某知名企业的财务总监,其好友成立了一家典当公司,为了更好地开展业务,邀请D担任了公司的名义股东。为了使D的股东身份从形式上看更真实一些,典当公司就在一笔业务中用了D的个人账户过了五百万元的账。之后,该典当公司因为涉嫌非法吸收公众存款犯罪被侦查。经侦人员通知D到公安机关协助调查,于是D咨询了某知名非诉律师。律师告知D不用理睬公安机关,因为D没有构成犯罪。侦查人员电话通知了D多次,但他均没有配合调查。于是,半年后公安机关对D进行了网上通缉,D在高铁站被抓捕归案。即便D最后可能不构成犯罪,但是按照规定,D必须在看守所被羁押三十七天。这就是律师在专业盲区提供专业指导的代价。

在生活中运用法律专业知识和在书本上学习法律专业知识会有一定的差异。比如,打开书本看法条,看相关理论知识都看得懂,但是合起书来很多知识就模糊了,甚至容易混淆。这就是为什么身经百战的资深律师更"值钱"。所以,律师必须加强法律基础知识的学习。

◎ 提高自己的法律服务意识

律师是提供法律服务的执业人员,我们必须不断提高自己的法律服务意识。所谓法律服务意识,不是在律政电影当中看到的与当事人在环境优雅的办公室里逻辑严谨地争论或者在法庭上唇枪舌剑那么简单。我认为,首先,律师应客气礼貌地接待当事人,并耐心、细致、正确地进行法律专业知识解答,警示当事人不属于自己应得的合法权益不能争取,引导当事人依法依规作出理性选择。当事人涉嫌违法犯罪行为的,给予当事人法律规定的责任解答,并引导其正确争取合法权益,比如自首、立功、停止违约、减少违约责任等。其次,受当事人委托担任法律顾问、代理人或者辩护人后,应把该做的法律服务做到位,比如认真起草或者审阅相关文件或者法律文书,在现有条件下依法清楚明了地制作证据清单,等等,再比如在刑事案件中要依法及时会见、阅卷并提出自己的辩护意见。在收到涉嫌刑事犯罪的当事人的咨询时,不得用自己的专业知识指导当事人逃避法律的惩处,不能给当事人出具毁灭证据、伪造证据的方案,以及提供逃跑的资金帮助,等等。担任司法案件的代理工作或者辩护工作时,要与相关办案人员交流意见,准时参与当事人的庭审活动,准时领取法律文书并提出自己的专业意见等。提高自己的法律服务意识,说起来比较轻松,但是做起来非常烦琐,往往会很辛苦,而且可能会耗费精力。在这个过程中,还可能遭到办案人员的拒绝,甚至正确的专业意见未被采纳。如果没有足够的服务意识,就很容易在执业过程中产生不良的个人情绪。不良的情绪会影响工作的积极性与工作的实际效果。

◎ 全方位学习法律专业知识

日常生活中,经常有人会问:"你做哪个领域的业务?"殊不知,作为一个成熟的执业律师,要学会宽泛地学习法律知识,熟悉人们日常生活中常见的一些案件。比如常见的民事案件:离婚案件、继承案件、合同纠纷案件(买卖合同、借款合同、租赁合同、承揽合同、建设工程合同、运输合同、仓储合同、委托合同、合伙合同、不当得利、物业服务合同、融资租赁合同、保理合同等)、侵权责任纠纷(提供劳务者致害责任纠纷、提供劳务者受害责任纠纷、医疗损害责任纠纷、机动车交通事故责任纠纷、环境污染责任纠纷、生态破坏责任纠纷等,其中环境污染纠纷又包括大气污染责任纠纷、水污染责任纠纷、土壤污染责任纠纷、电子废物污染责任纠纷、固体废物污染责任纠纷、噪声污染责任纠纷、光污染责任纠纷、放射性污染责任纠纷)。①常见的刑事案件:侵犯公民人身权利、民主权利罪(故意杀人罪、故意伤害罪、遗弃罪、强奸罪、非法拘禁罪、绑架罪、诬告陷害罪等)、侵犯财产罪(盗窃罪、侵占罪、抢劫罪、抢夺罪、诈骗罪、敲诈勒索罪、职务侵占罪、故意毁坏财物罪、破坏生产经营罪)、破坏社会主义市场经济秩序罪(生产、销售伪劣产品罪,生产、销售、提供假药罪,生产、销售不符合安全标准的食品罪,生产、销售有毒、有害食品罪,走私国家禁止进出口的货物、物品罪,走私淫秽物品罪,受贿罪,非法吸收公众存款罪,窃取、收买、非法提供信用卡信息罪,集资诈骗罪,贷款诈骗罪,逃税罪,等等),危害公共安全罪(危险驾驶罪、交通肇事罪、重大劳动安全事故罪等),等等。熟悉之后,在这样的基础上再选择某一个领域继续做精,深度学习与研究。一旦作

---

① 杨万明主编:《最高人民法院新民事案件案由规定理解与适用》,人民法院出版社,2021年,第992—1080页。

出了选择,就不仅要加强案件的实践学习与总结,而且要加强理论学习,争取理论与实践相结合。比如刑事辩护,我认为至少要精读三套刑事诉讼法理论教材和三套刑法学理论教材,之后再各选一本反复精读,同时再选择《中国刑事审判指导案例》《最高人民法院司法观点集成:刑事卷》《刑事审判参考》《死刑案件的有效辩护》《毒品类死刑案件的有效辩护》等司法实务指导类的书加强研习。同时,要加强对一些经典学术论文、刑事政策和大案要案的学习。这样的精、深领域法律专业知识的学习不仅需要扎实的法律知识基础,也需要大量时间和精力。

我认为做律师与做其他法律职业还是有很大差异的。一个搞学术研究的教授,也许可以仅研究某个领域,在大学里所讲授的学科就是其研究的学科。当学生问教授跨学科领域的问题时,他可以以这不是其研究的领域为由拒绝回答。公、检、法等机关的人员也基本可以以相似的理由回绝咨询人,因为他们都不用担心业务来源,没有业务压力。但律师不可以这样回答,因为大多数律师需要自己开拓业务(少数授薪律师除外)。当咨询人询问与逃税罪相关的问题时,大多数律师恐怕不可以以我仅做民事领域的案件为由予以拒绝。当自己身边的亲戚朋友问起继承纠纷的法律问题时,律师一般不能以我是做刑事辩护的为由予以拒绝。如果律师仅做某一个领域的案件,业务范围和业务量都会大幅度缩减,也会失去很多愉悦感和被认同感等。因此,律师要有能力解决常见的法律问题,即便被咨询的当下对该问题不是很熟悉,也要尽量在对相关法律法规、理论观点、司法判例等进行研习后作出具体回答。遇到实在精、深的问题,就得向律师同行,甚至行业内的一些专家请教。以这样的方法和精神坚持执业,才能在法律专业上给予当事人更多的依赖感和信任感。

◎ **加强法律实践经验的总结**

美国大法官霍姆斯(Holmes)曾说:"法律的生命是经验而不是逻辑。"这说明了实践经验对法律从业人员的重要性。有的法学教授称法学理论知识为硬知识,相对于法学理论知识的实践经验是软知识。硬知识可以通过文字表达,具有较强的通用性,而很多软知识不具有通用性,很多甚至难以用文字表达,只能用心领会。硬知识通过系统的法学学习相对容易获得,而软知识不容易获得。法律实践经验就属于这类软知识。虽然理论在指导和服务实践,但实践和理论总会存在一些差异。比如依照《民事诉讼法》第一百五十二条规定:"人民法院适用普通程序审理的案件,应当在立案之日起六个月内审结。有特殊情况需要延长的,经本院院长批准,可以延长六个月;还需要延长的,报请上级人民法院批准。"委托人会问:"委托这个案件,需要多长时间法院才会出结果?"这个时候按照所学法律知识就很难准确回答。实践中,得看案件在什么地方审理,如果在经济较发达的省会城市的基层法院,因为法院案件比较多,案件审结所需要的时间就会相对长一些,很多都要接近六个月,甚至有超出六个月的。如果在一些经济相对欠发达地区的基层法院,立案后七到十四天开庭的情况也比较普遍。如果被告不配合领取开庭传票，就要走公告送达（《民事诉讼法》第九十五条规定："受送达人下落不明，或者用本节规定的其他方式无法送达的，公告送达。自发出公告之日起，经过三十日，即视为送达。"）。在公告送达程序中，不同的办案人员，所需要的时间也会有差异。有的办案人员几次电话通知后，一定时间内不来领取传票的，会委托公证处上门送达。不能上门送达时，才会启动公告送达。这样的话，开庭就已经在六个月后了。也有办案人员电话通知几次后，无法联系到当事人，或者联系了对方拒不配合领取开庭传票，或者电子送达后，对方不打开链接查看的，办案人员会在立即启动公告送达的同时，委托公证处上门送达。这样的话开庭就会比较快。比如，民事案件二审的审理期限，人民法院应当在第二审立案之日起三个月内审结（《民事诉讼法》第一百八十三条规定："人民法院审理对判决的上诉案件，应当在第二审立案之日起三个月内审结。有特殊情况需要延长的，由本院院长批准。人民法院审理对裁定的上诉案件，应当在第二审立案之日起三十日内作出终审裁定。"）。在实践中，经济相对发达地区的中级人民法院，很多都无法在三个月内审结，而一些经济欠发达的地方则很快就可以审结。据说，一些经济较发达地区的基层法院的民庭审判人员一年需要审理三百个左右的案件，他们审理的速度自然就慢；而一些经济欠发达地区的县级法院审判人员一年仅需要审理二三十个案件。我在办理案件的过程中，遇到一些刚执业的律师跑到案件较多的法院去找审判人员问案件开庭时间，并说当事人很着急，希望尽快安排开庭。审判人员答复只能依照立案顺序依次安排开庭时间,否则就容易出现插队审理的情况,这样一旦有人投诉,审判人员就很难作出合理解释。出现这种情况就是经验不足的体现,其在当事人委托案件时没有充分进行程序解说。

◎ **提高政治站位,把握正确的政治方向**

没有党和国家设立律师制度,也就不存在律师职业。律师是接受当事人委托或者指定提供法律服务的技术人员,手里没有任何公权力,如果没有党和国家保障律师执业,即便有律师执业证,律师也无法正常执业。如果没有党和国家,就不会有律师职业。所以,每一名律师都必须对党和国家心怀感恩。每一名律师都必须把拥护中国共产党的领导、拥护社会主义法治作为从业的基本要求。在实践当中,部分公民比较极端,遇到一点纠纷,如果公职人员的处理结果没有符合他们的心意,就抱怨党和国家。律师在接待这种当事人的时候,无论其是否支付费用咨询或者委托,都要对其进行正确引导。首先,要用专业的、理性的观点来分析问题。其次,要帮助当事人理性分析公职人员的行为是否存在不当之处,若有不当之处,需要怎么依法处理。就相关事宜,依据国家法律、法规、政策进行解释。再次,要引导当事人客观看待公职人员。告知他们,无论是法官还是其他公职人员,他们在岗位上是代表国家履职的特定公职人员,离开了岗位,他们和我们一样都是公民,都是社会大众中的一员,会有情绪,会是某个人的妻子或者丈夫,会是孩子的母亲或者父亲。他们在工作中偶尔处理问题不当都是正常的。若造成损失,当事人有权依法主张赔偿,若其行为不恰当,可以依法进行投诉、举报、申诉等,其所在的国家单位会对其职务行为所造成的侵权损害进行赔偿,同时国家纪委、监察委、司法机关会对其违规、违法、犯罪行为进行相应处分或者处理。最后,要告知当事人,少数公职人员的个人行为或者违纪、违法、犯罪行为并不代表党和国家的本意。党和国家制定各种政策、法律的目的是服务人民。在执行过程中,少数公职人员因为个人私欲或者理解不透彻等导致的侵权,甚至是侵害事件都不是党和国家的本意。即便在我们自己的小家庭中,孩子偶尔也会不听家长安排,更不用说这么庞大的公权力机关了。出现问题,应依法依规去解决问题,而不是抱怨、指责和辱骂。律师得尽力引导部分比较极端的公民依法依规解决各种矛盾和纠纷。

◎积极参与各种社会服务活动

父母和国家把我们培养、教育成人、成才后,我们应积极参与各种社会活动,服务社会、回报社会,律师也不例外。律师因职业的特殊性,对国家法律、法规、政策相对比较熟悉,故可以参与的社会活动也不少。比如,提供法律援助服务,参与法律公益活动,努力学习后参与国家的立法工作,参与监督工作,参与人大、政协工作,参与案件的听证工作,参与法学实践教育工作,等等。在把法学基础知识学扎实后,积淀一定的实践经验,多参与各种社会服务工作,更有利于律师了解社会、了解其他行业的特性,这样也会更有利于律师的成长。

11. 一名优秀的律师,在其成长道路上,怎样的品质或者精神是最重要的?

答 这个问题仁者见仁,智者见智。我认为,一名优秀的律师,在其成长的道路上,什么都很重要,如健康的身体,和睦的家庭关系,一家良性发展的律师事务所,良好的同事关系,正确的政治站位,一颗好学上进的心、责任心、良心,等等。道理很简单,此处不再赘述。如果一定要指出成长路上最重要的几项,那么我认为是专业、良心和经验。

专业,在这里是指具有专业水平和知识。现实生活中,要成为一名律师,必须接受过系统的法学教育或者自学过系统的法学知识,并且通过司法考试和专业的实践实习,所以大多数人会认为律师具有较高的法律专业知识水平。有很多律师在通过司法考试后就把继续学习法律专业知识的事情放下了,多年下来都是凭专业直觉和经验办理案件的。其实,很多人忽略了一个现实,法学本科毕业并通过司法考试,只是法学的入门级考核。很多法律知识及法学理论知识多是通过选择题的形式进行考核的,而简答类和论述类的考核是很难的。很多执业律师在执业多年以后,凭借着多年前的法学理论知识和法律实践经验,可以看懂很多基础性的法学专业书籍,但是离开书本,大多数知识点又不会了或者是模糊了。我们偶尔会参与一些法律领域的高峰论坛,有些执业多年的律师,在向法学专家请教问题时,连自己的问题都无法用专业术语表

达清楚。部分律师在辩护或者代理工作中,无法提供有效的
律师帮助(有效的刑事辩护或者律师代理工作),即根本无
法对案件事实的认定和法律正确适用提出有效的辩护或者代理
意见。比如某个轻罪案件,律师却朝重罪方向进行辩护。曾
经有个当事人不愿意向司法机关认罪,其律师在辩护过程中,
取得当事人的信任,以会见笔录的形式把其没有向司法机关
供述的案件提交给了司法机关,直接导致当事人被判处死刑。
有的案件本就是无罪的,律师介入后,却不假思索地劝当事人
签订认罪认罚具结书。以上各种都是无效辩护的案例。出现
这种情况的根本原因就是律师法律专业知识掌握得不够扎
实。律师工作所涉及的面比较广,所需要的综合知识比较多,
因此律师无论如何努力学习都不为过。

　　良心,本指人天生的善良的心地,后多指内心对是非、善
恶的正确认识,特别是跟自己的行为有关的。①律师在处理
一个案件时,可以依法维护自己当事人的最大合法权益,从法
律专业上讲,这样做没有什么问题,但可能与自己的职业道德
和良心相违背。比如某车主将汽车借给A使用,之后A与骑
摩托车的B及其妻子C发生交通事故。事发后,交警认定摩
托车驾驶人承担事故的次要责任,机动车驾驶人承担事故的
主要责任。事故造成摩托车驾驶人B重伤,乘坐在B后的妻
子C轻伤。机动车驾驶人未受伤,但机动车驾驶人经济条件

---

① 中国社会科学院语言研究所词典编辑室编:《现代汉语词典》(第七版),
商务印书馆,2016年,第814页。

较差,无力垫付医疗费。驾驶摩托车一方的夫妻是进城打工的农民工,经济条件也非常差,基本无力支付医疗费用。汽车的保险公司因为不是汽车的全责,仅在交强险范围内垫付一万多元的医疗费,根本支撑不了受伤人员的医疗费用。之后,车主咨询了律师,律师表示如果从法律角度来讲,借车人有合法的驾照,且车辆无任何质量问题,车主就没有任何责任,无须垫付任何费用。但是从职业道德和良心角度来讲,车主应该为这对夫妻垫付医疗费,待治疗后再要求车辆所投保的保险公司退还所垫付的费用。这是我承办的一个案件,事故最后造成摩托车驾驶人B七级伤残,其妻子C十级伤残。车主垫付了十万余元医疗费。

驾驶摩托车的夫妻出院后,通过两省的法院起诉、撤诉,分别在两省的法院再次起诉,至今近三年,该案件都没有处理完毕。虽然其妻子起诉的案件法院没有认定车主承担责任,但车主在应诉该交通事故案件时投入了大量精力,并支付了多次律师费。遇到这样的事情,后期车主也许会抱怨律师前期劝导其垫付医药费的行为,但是劝导行为符合律师的职业道德和良心。

在该案件之前,我也遇到过类似的案件。当时,我为车主代理时也建议车主方垫付近二十万元的医疗费,但是最后伤者竟然以车主垫付医疗费为由推定车主有责,并在法庭上说:"你没有责任你垫付什么医疗费,就是我没有钱治疗死了跟你又有什么关系?"最后审判人员以车主自主垫付医疗费,引用了"高度盖然性"来判决车主有责。在这种类型的案件中,有些审判人员会直接问车主："你没有责任的话为什么要垫付医疗费？"有的审判人员会说，车主既然喜欢当好人垫付医疗费用，那么审判人员就没有必要来帮助车主做这个恶人，故判决车主承担责任。审判人员根本没有考虑过车主也许仅是出于人道主义和责任心而垫付费用先给伤者治疗而已，这样的判决完全不符合我们德治与法治相结合的思想。在面对这些风险的时候，律师需要用自己的良心去引导有经济能力的车主为没有经济能力的受伤者垫付医疗费。的确，这个行为有矛盾的地方，但是不违背自己的良心。此外，我认为避免这类问题最根本的方法就是不要出借自己的汽车。

12. 未来十到十五年，甚至更长时间，你会愿意继续从事律师这个职业吗？决定继续或者放弃的理由是什么呢？是收入方面的因素吗？

答 我会继续从事律师职业。我甚至希望一辈子都当律师。如果可以，我也希望我的两个孩子未来也从事律师职业。

收入是选择任何一个行业都需要考虑的因素之一。无论是法学家、大法官还是大律师，他们在选择职业时都会考虑收入因素。他们能成为行业的专家，也付出了很多的努力。他们为人子女、父母，也要生活，也会有追求品质生活的想法。此外，我认为专业水平越高的律师，收入就应该越高。现实生活中，总有一部分人会以"你是读书人"来道德绑架部分科研人员或者技术人员，在他们"朴素的价值观"里，读书人就必须是穷人,必须过清贫的日子。我觉得这是扭曲的价值观。

在我的个人意识里,如果可以,我会坚持做律师,而且会尽力引导自己的子女继续从事律师职业。当然如果子女有一定的学术能力,那么我更希望其从事法学研究,甚至成为法学家。然而,我这个观点遭到了部分朋友的反对,原因主要有两点:一是孩子将来喜欢什么,家长和孩子都尚且不知道;二是这个行业未来会如何发展,也不知道。在我的观点里,父母是孩子的第一任老师,也很容易成为孩子最好的老师。父母与孩子共处的时间相对较长,可以通过言传身教来引导孩子。相对于孩子的其他老师,父母有更多的教育与引导的机会。此外,在孩子的成长过程中,包括职业成长过程中,父母是这个世界上相对来说最不计较付出的人。在孩子遇到学习困难、职业困难时,父母可以给予孩子教育、指导和陪伴。对大多数孩子来说,他们无法在高中毕业,甚至是大学毕业时就搞清楚自己喜欢什么职业。我与部分孩子交流过"他们喜欢的专业"这个问题。比如,很多孩子喜欢计算机,不是因为他们真的喜欢研发或者维修计算机,他们只是喜欢计算机上的游戏或者聊天工具而已。说得更直白一点,大多数人到了四五十岁也不一定搞得清楚自己喜欢什么职业。他们出去工作只是迫于生计。所以,如果没有父母的正确引导,大多数孩子只能朦胧地作出选择,等真正进入这个专业学习时,有些人就会发现现实与自己所想、所期望的相去甚远。当然,现实生活中,也有部分孩子因为学习不够努力,根本就没有选择职业的机会。我相信,对于更多的孩子来说,坚持把所选择职业的知识学到精通，并在职业上获得他人、社会、国家的认可，就会获得更多的愉悦感、被认同感、被需求感等，也会愿意花更多的时间和心思去学习、钻研自己的专业，为他人、社会、国家作出更多贡献，由此进入良性循环。

至于我个人为什么会愿意坚持做律师，一是我经过多年的学习，已经具备一定的法律专业基础，而且在这个领域可以为他人和社会做一些事情。二是即使现在随意改行，也不会比做律师更容易。从事一个新的职业会比继续学习法律专业知识更难。当然，如果被动退出律师职业另当别论，这不是自己的选择，而是被淘汰了，这也是每一个行业都会存在的职业风险。就好比我们在路上开车时，会非常警惕，一直小心地驾驶，但我们无法控制别人。所以在谈论职业规划的时候，总有人会说，规划那么多干什么，明天会发生什么还不知道呢。我还是认为，做人做事不要那么悲观，明天确实会有发生事故、疾病、死亡等各种不幸的可能性，但那是我们自己无法掌控的事情，我们能做的就是把自己可以掌控的事情做好。三是我确实喜欢律师这个职业，在执业过程中获得了很多愉悦感，暂时无法找到可以替代的职业。总之，在自己的职业上，要尽力制订系统的专业学习计划和系统的职业成长计划，并在执业过程中小心谨慎，不违规、违法执业等。

梦想与憧憬还是要有的，它们不仅是我们的方向，也是我们的动力源泉。

13. 自执业以来,你最大的收获是什么?

答 就我个人来说,最大的收获有三点:一是有了好的学习方法,二是有了明确的职业方向,三是明白了懂规矩(守法)的重要性。

刚开始学习法学的时候,我完全不知道如何学习,更不知道如何选择学习书籍。有时根本读不懂法学概念、法律法规等。最糟糕的是,对于律师到底可以干些什么、生活会怎么样、工作环境是什么样等问题很茫然。通过多年学习,这些问题已经基本得到了解决。在学习上,我收获了以下心得与方法。刚开始,不知道如何学习,不知道如何选择书籍时,可以直接选择学校或者老师推荐的某一本书。这本书不一定是非常适合你的,但是一定要按照老师的教学进度提前把书本的相关内容看一遍。看不懂没有关系,坚持往后看,看懂多少算多少。老师讲授时也是一样,听不懂没有关系,坚持认真听,听懂多少是多少。学习法律专业,一定要至少通读一本法学教材,熟读法律法规及司法解释,坚持做国家统一法律职业资格考试历年真题。在通读一套教材的过程中,很可能就会发现另外一本甚至几本该学科的经典教材,这时,可以购买来逐一阅读,并根据实际情况选定某一本精读,将其他的作为参考资料泛读。随着基础知识的积累,对好教材的认识也会发生变化。刚开始学习的时候,对法律法规、司法解释等进行详细解读的教材是比较好的选择,这样的教材不仅有利于法律的入门学习,更有利于顺利通过司法考试。教材绝对不可以只读一两遍。曾经有老师告诉我,教材上的知识过于简单,不利于专业的精深学习。但这样的说法对我来说是不合适的,因为我的学习能力真的很普通,只能反复学习、反复思考。对于实践领域的律师来说,应该坚持学习法学领域的一些经典论文,但最重要的还是法学教材和法律法规。如果能在脱离书本的情况下,精准说出法律规定和理论观点,这才是真正的融会贯通。然而,在实践当中,大多数法律人都做不到这一点。这就需要我们去阅读不同的书,并积极向不同的学者请教。此外,律师还要多研习司法判例,多学习司法观点集。尤其是要针对不同地区的司法案件业务,研习当地司法机关对该类案件的判刑。

至于部分人关心的每天读多长时间的书比较恰当的问题,我认为读书是一辈子的事情,如果急于获得阶段性的成绩,比如通过司法考试或者硕士研究生顺利毕业,那就必须想办法逼迫自己在特定的时间内完成特定的学习任务。对于律师而言,要学会安排学习时间,见缝插针地学习,某个学科学累了就换学科,可以考虑三到五个学科交叉学习。

总而言之就是多读书,而且要学会一本书读多遍,一本书读多版,针对某个学科多读几套书;多听老师讲课,争取听多位老师讲课,多做真题;多学习司法判例和司法观点集;多个学科交叉学习;等等。

关于学习方法和参考书,我认为不一定要采用一些法学专家尤其是某些法学大家的方法。不是他们的方法不好,而是刚入门的学生可能驾驭不了这些方法,也看不懂他们所写的理论,比如卡尔·拉伦茨(Karl Larenz)著的《法学方法论》(译本),有几位知名法学教授推荐过,也有幸见过他们确实在学习这本书,但我就是不太读得懂。

刚开始执业的五六年间,我非常仰慕从事法学研究的法律人,也一直在思考做律师与做法学研究的差异。随着时间的推移,我有了明确的职业方向:争取做一个贴近民众生活的优秀律师。首先,随着个人的成长,我逐步认识到做好律师也需要学习理论知识、判例及司法观点、思想政治、法律法规,并进行实践等。学习的过程需要逐步进行,长期积淀。律师是一个典型的厚积薄发的职业。其次,做律师与做学术研究是不同的道路,律师的工作就是熟练运用法律法规。大多数律师无法做到仅从事某一个领域的业务,即便有极少数的律师有仅从事某一个领域业务的执业条件,也需要具备较宽泛的法律专业知识。比如做刑事辩护律师,不仅要专于刑事法律法规,而且要熟悉行政法律法规和民商事法律法规,甚至是具体案例,才能很好地在辩护工作中给当事人做无罪或者轻罪辩护。比如代理民事案件,不仅要专于民事法律法规,而且要熟悉刑事法律法规,甚至是刑事案例,才能很好地为法律顾问方或者当事人规避刑事法律风险;熟悉行政法律法规,甚至是行政案例,才能很好地给法律顾问方或者当事人规避行政法律风险。学科交叉应用要比学术研究更广泛,甚至更复杂。再次,学会轻目标、重行动。随着年龄的增长和阅历的增加,我学会了与自己、与现实讲和,学会了把太高的目标调低,调整不适合自己的目标,在现有条件下过好生活。最后,学会了与他人合作。懂得了接受自己的短板,更好地自控,自己会的不一定都要去做,学会了在工作中有所为,有所不为。说直白一点就是学会了不能做的事情,要明确拒绝;学会了不用自己的短板去与别人的长处竞争,比如不要与做学术研究的人比写作;学会了工作、学习、思考与适当写作相结合。

另外,我明确了自己的业务领域。我受出生环境、家境(我出身农民家庭)以及执业地域的影响,只能选择服务普通民众的业务领域,比如离婚纠纷、继承纠纷、合同纠纷、交通事故纠纷、常见刑事案件的辩护,以及中小企业法律顾问业务,等等。把日常生活中常见的案件做熟悉,在这样的基础上力争朝着精深的法律领域钻研,如合同纠纷类案件、职务犯罪案件、毒品犯罪案件等。据说,很多大牌律师事务所的业务分得非常精细,某个部门的律师只允许从事该部门的业务,不能跨部门工作。对于我来说,我无法做到仅做某一个领域的业务,所以只能广泛学习法律专业知识,辛苦从事宽泛的业务领域。

我觉得,相对来说更重要的是明白了懂规矩(守法)的重要性。通过处理现实生活中的矛盾纠纷,处理案件纠纷,以及担任一些重大刑事案件的辩护工作,我真正体会到了不懂规矩很多时候要付出很大代价。比如,有时会因承揽一个工程项目而破产,甚至获刑。在生活中,为了几块钱,干违法犯罪的事情,轻则失去自由,重则失去生命。再比如,为了快速解决家里的经济困难,涉嫌运输毒品,最后直接因涉嫌运输毒品犯罪被判处死刑。

14. 年轻律师应该选择做授薪律师还是直接独立执业?

答 这得看个人情况和个人机遇。对于大多数人来说,争取成为授薪律师会比较难,而且即使想做授薪律师,也不一定能找到愿意发薪水的律师事务所。授薪律师与独立执业没有绝对的好与不好之分,但是从我个人的角度来看有很大差异。

做授薪律师,首先自己要具备较高的综合素养和法律专业素养,否则没有律师事务所或者律师愿意聘用。据说,很多律师事务所的授薪律师不能私下接谈业务,如果是这样,做授薪律师就没有意思了。一般来说,授薪律师大多数是做阶段性工作的,很少能接谈业务、签订法律顾问合同或者委托合同、起草法律文书、正式代理或者辩护案件等。如此,成长就会很慢,收入也不会太高,也会因为无法全程接触业务而缺乏对工作的责任心和专业精细度。但这也仅是相对而言,如果没有更好的选择,那么还是建议坚持干,多熬几年一样可以成长起来。我个人执业初期,也曾经有老律师愿意授薪,月薪一万元,但是我不得私下接谈业务。那时候,我一个月有两三千元的收入,综合考虑之后,我还是放弃了。这里特别说明一点,别觉得一万元的收入对于律师来说并不高,律师需要到处跑,花钱的地方很多。此外,新入行的律师,老板愿意授薪一万元一个月的,至少得会开车,而且有私家车,能处理一些常规的案子,思路清晰,等等。另外,如果法律基础知识学得不好,实习期间又没有遇到好的指导律师,或者实习期间没有认真学习,那么除非有其他外部特殊原因,否则一般无法实现做授薪律师的梦想。

如果确实热爱律师职业,愿意吃苦,而且能在律师行业积淀,我认为做授薪律师是获得实践经验速度最快的途径之一,也是自己律师职业生涯最好的选择之一。

相对于授薪律师的是独立执业的律师。现实中,大多数取得律师执业证的新律师都只能选择独立执业,不是因为他们很优秀,而是因为他们没有做授薪律师的机会和条件。我认为,做独立执业律师比做授薪律师更艰辛,前期可能要家里给予一段时间的经济支持或者兼职以增加收入。我刚执业的时候曾经到看守所门口、法院门口发名片,到临街铺面发业务介绍单。这件事情说起来很简单,但是大多数律师做不到,一是放不下面子,二是会遭到部分同行的指责。在部分律师看来,这种行为是在丢律师的脸,是把律师行业"菜市场化"的行为。同时,我还通过微信等网络平台,让尽可能多的人知道自己是做律师的,并尽可能地接受他们的免费咨询,用自己的耐心服务与专业感动、吸引身边极少数的人,因为在提供多次免费咨询服务以后,只要解答都是正确的,确实会接到部分委托业务。接下来就是接到业务后如何做好专业服务。接到业务后,应多查询相关法律法规,查询相关的判例,多向老律师和办案机关的办案人员请教,又或者把费用分出来,与业务成熟的律师一起承办所接到的业务。如果是与业务成熟的律师一起承办自己接到的业务,那么建议自己多做多跑,尽量只让业务成熟的律师做指导和帮扶工作,而且学会适当多分一些费用给他们,因为做好一个案子的潜在价值更高,不能只注重眼前的利益得失。

如前所述,独立执业的律师有一种快速成长模式,就是协助业务成熟的律师办理案件。我认为,只要自己勤学多跑,责任心强,愿意在不计较报酬的情况下坚持配合业务数量较多的律师办理案件,一段时间后,就会得到一些独立承办小案件的机会。但是这样的机会很难争取到。因为首先要有律师业务办不完,其次要能成为这样的律师的助手。现在有很多年轻律师自己还站不稳脚就开始想着接高收费的业务,成为大律师,并设立自己的律师事务所。这些想法都没有错,但是成熟型律师都懂得一个道理:和欲望太强、太急功近利的人合作往往会给自己带来麻烦和痛苦。

总之,只要热爱律师行业,责任心强,能吃苦,好学习,那么无论选择哪一种模式,前景与成长空间都非常大。

15. 在家庭帮助不大的情况下,年轻律师如何开拓案源?

答 以下仅是我的个人观点,供大家参考。开拓案源的方式很多,但是我所分享的内容恐怕只适合像我这种无任何资源的人,而且仅适用于像我这一类普通的律师。我曾经有幸到一家自己非常仰慕的律师事务所分享年轻律师开拓业务的经验。后来我在自己的律师事务所与其他律师也分享过很多次。总结下来存在的问题有两点：一是不知道该如何去开拓；二是知道如何开拓之后不愿去做或者坚持做了三五个月不见效果就不坚持了。因此，我认为有想法并有实际执行力的人可能更适合做律师。

我认为开拓案源需要结合以下三点：第一，夯实法律基础知识；第二，让尽可能多的人知道自己是律师；第三，有过硬的职业道德。

没有业务的人很多都是输在专业知识不扎实上。很多人会认为自己已经系统学习了法律知识，并通过了司法考试，法律基础知识较扎实，便不再继续学习了。而实践当中，好多律师连基本的法律关系都分析不清楚，针对案件信息无法及时作出法律专业分析等，根本就不具有满足当事人需要的法律专业知识，完全没有开拓业务的基础。这里的法律基础应该分两块：一是系统的理论知识，二是司法实践经验。无论哪方面的知识，都得用时、用心来慢慢学习和积淀，很难快速获得。尤其是司法实践经验，相比理论知识，想获取更难、更慢。我们大部分法律人都无法与法学教授或者法学家比法学理论知识的储备。像我这种学习能力普通的法律人是无法套用法学教授或者法学家的方法来学习法律的。我曾经请教过几位知名法学家有关阅读的问题，他们基本认为我所读的书过于简单，但实际上这些所谓"简单"的书，我读好几遍都很难达到熟练的程度。所以像我这种学习能力普通的法律人必须有反复阅读简单书籍的耐心与毅力，必须有长期坚持实践与学习相结合的精神。只有经过反复学习与实践,我们才有可能挤进专业法律人士的圈子。夯实法律基础知识需要长期的学习和积淀,没有什么捷径可以走,不然很容易处于打开书什么都看得懂,合起书本一片茫然的状态。

如果没有扎实的法律基础知识,就不用谈第二点了。那么,有扎实的法律基础知识,如何让尽可能多的人知道自己是做律师的呢?我认为方法有很多,比如向身边的人宣传自己,并为他们解答或者解决法律方面的问题。可以通过亲戚、朋友、同学等相互传达,也可以通过聊天软件,比如QQ、微信等进行宣传。当然,认真做好每一次法律服务,让当事人自愿帮助宣传,以及加入一些商会组织、协会组织等来扩大人脉圈子,都不失为好办法。然而,我认为最好的宣传方式还是认真做好每一次业务。

有良好的职业道德也是律师开拓业务的硬标准。每一位律师都应当加强职业道德的学习,职业道德与职业技能相辅相成,相互促进。也许很多人会认为职业道德这个东西太宽泛,不像职业技能那么具体。接下来,我以在执业过程中遇到的与职业道德相关的四个案例进行说明。

案例一:某人在上班路上遭遇交通事故死亡,死者的父母、妻子和孩子委托律师代理交通事故责任纠纷案件和工伤行政案件。庭审过程中,法官问律师是否需要把各个原告应得的具体份额在判决书中进行区分,代理律师答复不需要。判决之后,赔偿款项被死者的妻子领取,但其拒绝分配给死者的父母。死者父母质问审判人员为什么会这样判,对方说庭审当中,已经征求过代理律师的意见,代理律师表示不要求对具体份额进行分配,关于这一点,庭审笔录中有明确记载。

案例二:某人在交通事故中死亡,死者的父母、妻子和孩子委托律师代理交通事故责任纠纷案件。该案因为肇事者自愿在保险公司进行足额赔偿的基础上增加几万元的赔偿而得以调解结案。在调解过程中,代理律师把各原告的具体份额计算好,并写在调解书中请审判人员进行确认。审判人员的答复是,原告只向法院交付了交通事故责任纠纷的诉讼费,并没有交付继承纠纷的诉讼费,其没有确认的义务。在调解书生效前,律师帮助各原告按照《中华人民共和国继承法》①的相关规定,起草好了分配协议,并希望各个原告委托代理律师收取赔偿款项。收取赔偿款项的当天,律师就到银行,按照协议上指定的金额和收款账户分别把钱转给各原告,其中未成年孩子的份额由其母亲的银行账户代收。最后,死者的父母没有同意由代理律师代收后再分配,而是直接委托儿媳妇代理收取款项,收到款项后由儿媳妇按照所签订的协议进行分配。儿媳妇拿到所有赔偿款项后直接"玩消失",并发给死者父母一条信息:"所有钱款我已经转走了,你们要是想拿着所签的协议到法院起诉我,即使打赢了官司你们也一分钱拿不到。如果你们打赢官司后敢向法院申请强制执行,我被列为失信被执行人,那么今后你们都别见孙女了。你们的孙女因

---

① 《中华人民共和国继承法》现已于 2020 年 5 月 28 日失效,相关条文可见《民法典》。

为我是失信被执行人被影响也是你们自己造成的。"父母回复
儿媳妇:"我们把儿子养大至今还没有享受过他的任何孝心,
小时候抚养他,长大了帮着他成家,成家了帮着他照看孩子。
现在他命都没有了,赔偿款中一点应有的养老钱都不应该拿
吗?"儿媳妇又回复:"我们孤儿寡母今后就靠这点钱来糊口
了,你们还忍心来分吗?你们还好意思来分吗?"该案就这样
以死者父母一分钱没有分到结束了。这是我代理过的案件,
那么我为什么会提议由我代收款项呢?因为之前我代理过同
样的案件,死者的父母、妻子、孩子共同起诉,最后赔偿八十余
万元,委托死者的父母领取了所有款项,父母领取到所有款项
后,一分钱不给死者的妻子和孩子,并说:"孩子的妈妈带着孩
子可以生活,这些钱他们要存着等孩子长大后成家用。"这个
案子发生时孩子才一岁多,也不知道等孩子成年后这笔钱是
否还在。

案例三:在昆明市晋宁区发生了一起交通事故,某人骑着
自行车在行驶途中不慎摔倒,被大货车当场碾压死亡,大货车
所投保的保险公司是云南省曲靖市的某保险公司。死者八十
岁的老母亲、妻子、孩子一并委托律师进行代理。审判人员在
交通事故判决书中对各继承人所应得的份额作出分割。该保
险公司的工作人员和代理律师也非常认真负责,要求各继承
人必须提供各自的银行账户,并手持书写好的收条和身份证
拍照传给保险公司,最后按照判决书中各自应得的份额来
支付。

案例四:某人在上班路上出交通事故死亡,死者的父母、

妻子和孩子委托律师代理交通事故责任纠纷案件。在审理过程中,法官和代理律师均没有想到按照各原告应得的份额进行判决,仅判决了一个总金额。到保险公司支付赔偿款的阶段,保险公司的工作人员建议各原告协商好的分配方案,分别提供各自的银行卡号,按照所签订协议中的分配份额分别进行支付。但实际情况是,即便家属协商好了分配方案,请求按照分配方案分别支付赔偿款,部分保险公司也不会同意分别支付。他们只同意支付到其中一个原告的账户或者他们指定的其他账户。至于支付款项后各原告要如何分配,他们完全不在意。

以上四个案例,从不同的侧面反映了律师、审判人员、保险行业工作人员在面对法律责任之外的法律问题时的不同处理方法,也体现了不同人的社会责任感和职业道德感。如果我们或者我们的亲友遇到这样的事情,我们希望遇到什么样的审判人员、律师和保险工作人员呢?第一个案件中,审判人员具有较强的职业道德,努力在自己的工作中真正做到案结事了,但是因为其职责是按照起诉人的诉求来居中裁判,最后只能整体判决。相对而言,案例中的律师就显得对业务并不熟悉。第二个案件中,审判人员因为法院没有收取到原告继承或者分家析产的诉讼费,拒绝在调解书中确认分配方案,并以起诉的是交通事故责任纠纷,而不是继承纠纷或者其他纠纷为由拒绝作出更多方便当事人解决问题的处理方案。我认为,这是审判人员缺少个人职业道德和司法为民、司法服务社会意识的体现。保险公司的工作人员也是如此。除非法院在判决或者调解书中作出分配处理,否则很多保险公司的工作人员绝不会帮助分配处理。因为这些是法定职责之外的工作。

因此,在具备法律专业基础知识的前提下,律师要注重自身职业道德的培养。只有律师的服务体现出更高的社会价值,其业务才会越来越好。

以上案例可提醒律师同行在处理类似的案件时,注意一并处理好当事人各自份额的问题。同时,委托律师代收款项也不是好的处理方法,一是因为难以取得家属的信任,二是因为部分家属确实存在较大的道德风险。所以,还是要争取在法院阶段作出分配处理。若法院不同意分配,则可以考虑在保险公司支付阶段分配。若保险公司在法院没有进行分配的情况下不同意分配或者不同意按照各当事人提交的书面分配方案进行分配,可以考虑暂不要求保险公司支付赔偿款,待法院再一次处理好分配方案后另行要求保险公司按照分配方案支付。此外,还可以公证提存后再处理分配的事情。

二

刑事篇

1. 若当事人涉嫌刑事犯罪被拘留,对于家属的委托,律师是否可以保证案件结果?

答 肯定不可以保证案件结果。首先,《律师执业管理办法》第三十三条规定:"律师承办业务,应当告知委托人该委托事项办理可能出现的法律风险,不得用明示或者暗示方式对办理结果向委托人作出不当承诺。律师承办业务,应当及时向委托人通报委托事项办理进展情况;需要变更委托事项、权限的,应当征得委托人的同意和授权。律师接受委托后,无正当理由的,不得拒绝辩护或者代理,但是,委托事项违法,委托人利用律师提供的服务从事违法活动或者委托人故意隐瞒与案件有关的重要事实的,律师有权拒绝辩护或者代理。"所以,律师不可以对所代理案件或者辩护案件作出结果承诺。其次,律师仅是提供法律服务的执业人员,根本不可能保证案件结果。再次,一个案件的办理,调查权和侦查权一般都在侦查机关,审查起诉权在公诉机关,审判权在审判机关。严格来说,律师就是依照法律的规定行使自己的辩护权利,案件中有可能面临被侦查机关撤销、公诉机关不予批捕、公诉机关决定不予起诉、审判机关宣判免于刑事责任或者仅判处罚金又或者判处缓刑等等情况。因此,律师根本不可能保障案件结果。实际上,侦查人员、公诉人员、审判人员和律师因为成长环境、所接受的教育、个人经历、工作环境,以及对法律专业知识的掌握程度等的不同,对部分案件事实的认定和法律适用条件的理解也不同。所以,律师无法仅靠自己的辩护来承诺案件结果。

比如,在一起未成年人盗窃、抢劫案件(案发时是未成年人,案件办理时已经成年)中,公诉人在没有通知辩护律师的情况下去看守所找当事人签认罪认罚具结书,量刑意见是有期徒刑六年。当事人就问公诉人是否可以在会见辩护律师并征求辩护律师意见后再决定是否签认罪认罚具结书。之后,当辩护律师找到公诉人,再次和公诉人协商是否签认罪认罚具结书和出具量刑意见时,公诉人答复,因当事人的认罪态度不好,如再签订认罪认罚具结书,那么量刑意见改为六年两个月;如不签订认罪认罚具结书,那么量刑意见改为六年六个月。理由就是当事人没有在第一时间签认罪认罚具结书。后来,辩护律师提出公诉人在认定量刑情节时遗漏了自首情节。公诉人认为完全不构成自首情节。到法院开庭阶段,辩护律师仍然对自首情节进行辩护,法院也认为构成了自首情节。于是,审判人员问公诉人有了自首情节,是否可以考虑减轻量刑,并说明目前量刑过重。公诉人明确答复,认可有自首情节,但不改变量刑意见。庭审结束时,审判人员问公诉人,如果判决在量刑意见的刑期以下,公诉人是否有意见。公诉人答复没有意见。但是该案最后还是判处了有期徒刑六年两个月。本案件中,辩护律师已经提出了现有的罪轻辩护意见和量刑意见,同时,审判人员也认为公诉人的量刑重了,但是判决结果仍然是六年两个月。这至少说明了一点,那就是很多时候连审判人员也不能决定案件结果。

又比如,在一起诈骗案件中,侦查阶段当事人认为自己没有构成犯罪,只是帮助传递资料而已,而且自己没有获得任何好处。当辩护律师和侦查人员沟通辩护意见时,侦查人员建议辩护律师在会见嫌疑人时劝他认罪,并提出这种案件认罪后好好配合,充其量也就是个缓刑,没有必要坚持不认罪。辩护律师也是这样的观点。于是,辩护律师在会见当事人时,用自己的专业说服了当事人认罪。到了审查起诉阶段,辩护人和公诉人一致认为,该嫌疑人仅是为了获取一点好处费(传递资料的报酬,两千元),用自己的微信一共替别人传贷款资料三次,且案发时并未收到款项,在案件中仅处于从属地位,公诉人同意作出缓刑的量刑意见,公诉人出具的量刑意见是有期徒刑一年六个月,并适用缓刑二年。到了法院,主审法官认为,只是从证据当中看不出来是否已获得好处而已,实际上是否获得好处只有当事人自己知道,不同意缓刑,并要求所有被告按照涉案的总金额退赃。最后,所有被告均没有被判处缓刑,且均在公诉人量刑的有期徒刑刑期上增加了两年。该被告被判处了有期徒刑三年六个月。这个结果,辩护人、侦查人员和公诉人均没有预料到。

所以,辩护律师完全不具备承诺案件结果的能力。辩护律师能做的就是依法提出无罪、罪轻的辩护意见。那么,是否辩护律师就完全没有价值了呢?肯定不是!类似上面这样的案件只是极少数,辩护律师的辩护意见被完全采纳的案例也比比皆是,并且精准的辩护意见被采纳的比例要远远高于不被采纳的比例。实践中,只要辩护律师能够对案件的事实认定和法律正确适用提出精准的辩护意见,大多数刑事案件的审判人员都会予以采纳。

❓ 2. 若当事人涉嫌刑事犯罪,委托律师去看守所会见当事人时,能否告知其如何表述对自己有利?

答 个人认为,依法引导当事人在案件侦查过程中争取他们的合法权益是辩护律师的价值所在。与当事人会面时,辩护律师应引导其如实陈述案件事实,争取坦白。根据《最高人民法院关于常见犯罪的量刑指导意见》(以下简称《量刑指导意见》)第三条常见量刑情节的适用第六项,对于坦白情节,综合考虑如实供述罪行的阶段、程度、罪行轻重以及悔罪程度等情况,确定从宽的幅度。

(1)如实供述自己罪行的,可以减少基准刑的20%以下;

(2)如实供述司法机关尚未掌握的同种较重罪行的,可以减少基准刑的10%—30%;

(3)因如实供述自己罪行,避免特别严重后果发生的,可以减少基准刑的30%—50%。

实践中,有些刑事案件的当事人,缺少辩护律师的正确引导,在案件事实清楚的情况下,依然坚持不认罪。他们有一种"坦白从宽牢底坐穿,抗拒从严回家过年"的错误观念。在很多共同犯罪案件中,大部分嫌疑人如实交代了案件事实,但仍有极个别嫌疑人在犯罪事实清楚的情况下拒不认罪。有的案件,如果是以A罪名立案的,而辩护人在与当事人会面交谈后发现其涉嫌 B 犯罪。如此,只要犯罪嫌疑人到案后如实供述其所涉嫌 B 罪的事实,其实也属于构成自首的情况,这些辩护律师都可以与当事人进行充分的沟通与探讨。一旦构成自首,就意味着增加了量刑情节。《量刑指导意见》第三条常见量刑情节的适用第四项规定,对于自首情节,综合考虑自首的动机、时间、方式、罪行轻重、如实供述罪行的程度以及悔罪表现等情况,可以减少基准刑的 40% 以下;犯罪较轻的,可以减少基准刑的 40% 以上或者依法免除处罚。恶意利用自首规避法律制裁等不足以从宽处罚的除外。当然,如果没有构成犯罪,律师在与当事人会面的时候就得向当事人分析其行为不构成犯罪的理由。

比如,某电脑手机维修店的店主收购了某人两台旧电脑和三部旧手机,后因为这两台旧电脑和三部旧手机都是盗窃所得,手机维修店的店主被公安机关以掩饰、隐瞒犯罪所得、犯罪所得收益罪刑事拘留。收这些废旧物品的时候,店主口头询问了卖家是不是自己所有的,卖家解释这些为其家人淘汰的产品。此外,店主用卖家身份证进行登记,并留了对方的电话号码,已经尽了谨慎注意义务,所以,辩护律师认为其不构成犯罪。公安机关对于辩护律师的辩护观点不予采纳,后来检察院认为证据不足,不予批捕。之后,公安机关变更强制措施为取保候审。再之后,这个案子就这样结束了。

在以上这种当事人罪轻或者无罪的情况下,辩护律师应当逐一分析,并作出正确引导;但在当事人确实有可能构成犯罪的情况下,教唆当事人不要认罪是辩护律师绝对不能做的。

是否要让当事人认罪,不仅是当事人和其家属关心的问题,也是我们部分新入行的辩护律师关心的问题。我在接受刑事案件委托的时候,经常会遇到当事人家属问我这个问题。在会见的时候,很多当事人表示希望律师就这一问题给出明确的建议。对于这样的问题,不需要懂法律专业知识,只要用我们朴素的社会价值观就可以给出答案。如果律师可以教唆可能涉嫌犯罪的嫌疑人或者被告人拒绝认罪,又或者利用所掌握的法律专业知识帮助他们逃避法律的惩处,那么辩护律师制度就成了法治建设的绊脚石,律师也就成了违法犯罪者的帮凶。实际上,律师因为这样的行为被惩处的案例也不在少数。下面我们通过一个案例来说明律师正确引导的重要性。

A多年前涉嫌故意伤害犯罪,接到了公安机关电话通知,要求其到公安机关协助调查。于是,A立即咨询律师。律师建议A立即主动到案,并如实陈述案件事实。到案后,A如实陈述了事实,并提出事发时A和受害人均是未成年人,且是受害人主动挑起的事端,也是受害人约人来主动找A的,是受害人一方先动手打人的。A提出愿意对受害人进行赔偿,并争取得到谅解,获得谅解书。随后,律师提出以下不予起诉的辩护意见:

(1)该案发生时A还是未成年人(只有十四岁)。案发后,A系主动到案,且主观恶性不大。之后A的家属积极赔偿了受害人×万元费用,已经对受害人进行了一定的赔偿。

（2）事发后十余年间，A没有任何再次违法犯罪行为，无任何被行政拘留、司法拘留、刑事拘留的情况，也没有任何失信行为，且积极乐观，努力上进。公安机关在十余年后进行立案，A依然是主动到案的，积极主动配合公安机关处理本案，而且悔罪态度较好。A现在已经没有社会危害性，已经没有作出处罚的必要。

（3）本案系A与B两人争吵发生的纠纷。而本案受害人系帮助其朋友B与A打架而受伤，且受害人比A大两岁，当时是十六岁，相对A而言具有更强的辨识能力，本应该劝阻其朋友B不要与A打架，却主动参与打架。所以，在本案的发生过程中，受害人具有重大过失。并且，且受害人在公安机关所做询问笔录中所表述的内容明显存在虚假情况。因此，依法应当大幅度减轻对A的处罚。

（4）A依靠自己的努力，用自己所赚取的钱，于×年×月×日再一次对受害人进行了赔偿，且赔偿金额为×万元，前后赔偿共计×万元。受害人也出具了刑事谅解书，请求对A免于刑事责任处罚，恳请公诉机关给予A改过自新的机会。本案受害人与A均希望司法机关免于对A的刑事处罚。

（5）按照A所在小学的老师的陈述，A虽然学习成绩一般，但其属于比较听话的孩子，犯错误时只要耐心教导，就能做到知错就改。A在学校的时候也不会欺负同学,其和同学能友好相处,且A的父亲对其管教比较严厉。

(6)按照A的父亲的陈述,A是一个有孝心、懂感恩的孩子。

综合以上情况,辩护律师认为针对A没有起诉的必要性,恳请贵院依照《刑事诉讼法》第一百七十七条及其他法律法规的规定,对A作出不予起诉的决定,为谢!

该案公诉机关采纳了辩护律师的意见,对A作出不予起诉的决定。

这个案件充分说明了在刑事案件的辩护过程中,辩护律师引导的重要性。如果A咨询的律师引导A不理睬公安机关,等公安机关上门抓捕或者被网上通缉到案,那么基本不太可能争取到不予起诉的结果。个人认为,辩护律师可以依法引导当事人从有利于自己的方向去配合侦查机关调查案件,但是如果当事人确实陈述自己没有犯罪行为,就不能劝其认罪。如果当事人自己陈述其行为确实涉嫌犯罪或者可能涉嫌犯罪,那么辩护律师绝对不可以教唆当事人拒绝认罪,这样的行为不仅是违法违规的,甚至可能是涉嫌犯罪的。至于是否可以引导当事人发表对其更有利的言说,个人觉得引导当事人用比较清晰、准确的法律思维方式陈述案件事实是可以的。此外,引导当事人争取法律规定的合法权益也是可以的。比如,自己知道的事情就如实陈述,如果只是听说的事情,那么听说的内容是怎么样的就怎么样陈述,不得歪曲表达。同时,要向当事人解说清楚坦白、自首、立功等从轻、减轻判处的情节。如果当事人自己陈述其没有犯罪行为,那么应当建议当事人如实陈述,不要因为个别公权力机关的法律人说的"只要认罪就可以放其回家"就随意认罪。

3. 律师经常和公、检、法打交道,对其比较熟悉,委托律师是否可以帮助当事人及其家属"协调关系"?

答 当然不可以。《律师法》第四十条规定,律师在执业活动中不得有下列行为:(一)私自接受委托、收取费用,接受委托人的财物或者其他利益;(二)利用提供法律服务的便利牟取当事人争议的权益;(三)接受对方当事人的财物或者其他利益,与对方当事人或者第三人恶意串通,侵害委托人的权益;(四)违反规定会见法官、检察官、仲裁员以及其他有关工作人员;(五)向法官、检察官、仲裁员以及其他有关工作人员行贿,介绍贿赂或者指使、诱导当事人行贿,或者以其他不正当方式影响法官、检察官、仲裁员以及其他有关工作人员依法办理案件;(六)故意提供虚假证据或者威胁、利诱他人提供虚假证据,妨碍对方当事人合法取得证据;(七)煽动、教唆当事人采取扰乱公共秩序、危害公共安全等非法手段解决争议;(八)扰乱法庭、仲裁庭秩序,干扰诉讼、仲裁活动的正常进行。《律师法》第四十九条规定,律师有下列行为之一的,由设区的市级或者直辖市的区人民政府司法行政部门给予停止执业六个月以上一年以下的处罚,可以处五万元以下的罚款;有违法所得的,没收违法所得;情节严重的,由省、自治区、直辖市人民政府司法行政部门吊销其律师执业证书;构成犯罪的,依法追究刑事责任。具体如下:(一)违反规定会见法官、检察官、仲裁员以及其他有关工作人员,或者以其他不正当方式影响依法办理案件的;(二)向法官、检察官、仲裁员以及其他有关工作人员行贿,介绍贿赂或者指使、诱导当事人行贿的;(三)向司法行政部门提供虚假材料或者有其他弄虚作假行为的;(四)故意提供虚假证据或者威胁、利诱他人提供虚假证据,妨碍对方当事人合法取得证据的;(五)接受对方当事人财物或者其他利益,与对方当事人或者第三人恶意串通,侵害委托人权益的;(六)扰乱法庭、仲裁庭秩序,干扰诉讼、仲裁活动的正常进行的;(七)煽动、教唆当事人采取扰乱公共秩序、危害公共安全等非法手段解决争议的;(八)发表危害国家安全、恶意诽谤他人、严重扰乱法庭秩序的言论的;(九)泄露国家秘密的。律师因故意犯罪受到刑事处罚的,由省、自治区、直辖市人民政府司法行政部门吊销其律师执业证书。可见,法律明确禁止律师去协调关系。

另外,律师是法治建设的重要队伍,如果在办理案件时,律师靠的不是法律专业知识,而是协调关系,那么律师就成了法治建设的绊脚石。律师的首要作用是帮助当事人依法依规行事,也就是指导当事人在依法维护自身合法权益的同时,不再涉嫌其他违法犯罪行为。如果在解决当事人的案件时,又导致其面临新的违法犯罪,那么对当事人来说无疑是雪上加霜。这对于律师来说,不仅有可能面临职业生涯的终止,也有可能同样面临刑事责任。

时至今日,仍然有部分人迷信"关系"。靠协调关系办理案件,损害的是人民群众的切身利益,党和国家、人民都不会允许这种情况的发生。我们的法治建设发展至今天,已经到了非常成熟的阶段。全面依法治国,就要把公平公正公开贯穿于立法、执法、司法全过程,努力让人民群众在每一项法律制度、每一个执法决定、每一宗司法案件中都感受到公平正义。①我们每一个人都享受到了法治带来的红利,我们的权益需要靠法治来保障,而法治的权威要靠我们共同维护。当我们自己遇到矛盾纠纷或者司法案件时,如果没有想着依法依规办理,而是想着突破法律底线靠协调关系办理,那么我们就是在践踏来之不易的良好法治环境。如果这样的人多了,法治的建设就会举步维艰。

4. 醉酒后涉嫌犯罪,是否可以不用承担刑事责任或者从轻、减轻处罚?

答 不可以。首先,《刑法》第十八条第四款规定,醉酒的人犯罪,应当负刑事责任。其次,醉酒并不是可以从轻、减轻处罚的量刑情节。没有任何一条法律规定醉酒是可以从轻、

---

① 《习近平法治思想概论》编写组:《习近平法治思想概论》,高等教育出版社,2021年,第27页。

减轻处罚的量刑情节。

《刑法》中规定以下量刑情节可以从轻、减轻处罚。《刑法》第六十二条规定,犯罪分子具有本法规定的从重处罚、从轻处罚情节的,应当在法定刑的限度以内判处刑罚。《刑法》第二十二条规定,为了犯罪,准备工具、制造条件的,是犯罪预备。对于预备犯,可以比照既遂犯从轻、减轻处罚或者免除处罚。《刑法》第二十三条规定,已经着手实行犯罪,由于犯罪分子意志以外的原因而未得逞的,是犯罪未遂。对于未遂犯,可以比照既遂犯从轻或者减轻处罚。《刑法》第二十四条规定,在犯罪过程中,自动放弃犯罪或者自动有效地防止犯罪结果发生的,是犯罪中止。对于中止犯,没有造成损害的,应当免除处罚;造成损害的,应当减轻处罚。《刑法》第二十七条规定,在共同犯罪中起次要或者辅助作用的,是从犯。对于从犯,应当从轻、减轻处罚或者免除处罚。《刑法》第二十八条规定,对于被胁迫参加犯罪的,应当按照他的犯罪情节减轻处罚或者免除处罚。《刑法》第十七条规定,已满十六周岁的人犯罪,应当负刑事责任。已满十四周岁不满十六周岁的人,犯故意杀人、故意伤害致人重伤或者死亡、强奸、抢劫、贩卖毒品、放火、爆炸、投放危险物质罪的,应当负刑事责任。已满十二周岁不满十四周岁的人,犯故意杀人、故意伤害罪,致人死亡或者以特别残忍手段致人重伤造成严重残疾,情节恶劣,经最高人民检察院核准追诉的,应当负刑事责任。对依照前三款规定追究刑事责任的不满十八周岁的人,应当从轻或者减轻处罚。因不满十六周岁不予刑事处罚的,责令其父母或者其他监护人加以管教;

在必要的时候,依法进行专门矫治教育。《刑法》第十七条之一规定,已满七十五周岁的人故意犯罪的,可以从轻或者减轻处罚;过失犯罪的,应当从轻或者减轻处罚。《刑法》第六十七条规定,犯罪以后自动投案,如实供述自己的罪行的,是自首。对于自首的犯罪分子,可以从轻或者减轻处罚。其中,犯罪较轻的,可以免除处罚。被采取强制措施的犯罪嫌疑人、被告和正在服刑的罪犯,如实供述司法机关还未掌握的本人其他罪行的,以自首论。犯罪嫌疑人虽不具有前两款规定的自首情节,但是如实供述自己罪行的,可以从轻处罚;因其如实供述自己罪行,避免特别严重后果发生的,可以减轻处罚。《刑法》第六十八条规定,犯罪分子揭发他人犯罪行为,查证属实的,或者提供重要线索,从而得以侦破其他案件等立功表现的,可以从轻或者减轻处罚;有重大立功表现的,可以减轻或者免除处罚。

此外,《刑事诉讼法》第二百九十条规定,对于达成和解协议的案件,公安机关可以向人民检察院提出从宽处理的建议。人民检察院可以向人民法院提出从宽处罚的建议;对于犯罪情节轻微,不需要判处刑罚的,可以作出不起诉的决定。人民法院可以依法对被告人从宽处罚。

《量刑指导意见》又对各个量刑情节的调解比例作出了细化规定,其第三条对常见量刑情节的适用作出了规定。

量刑时要充分考虑各种法定和酌定量刑情节,根据案件的全部犯罪事实以及量刑情节的不同情形,依法确定量刑情节的适用及其调节比例。对严重暴力犯罪、毒品犯罪等严重危害社会治安犯罪,在确定从宽的幅度时,应当从严掌握;对犯罪情节较轻的犯罪,应当充分体现从宽。在具体确定各个量刑情节的调节比例时,应当综合平衡调节幅度与实际增减刑罚量的关系,确保罪责刑相适应。

(1)对于未成年人犯罪,应当综合考虑未成年人对犯罪的认识能力,实施犯罪行为的动机和目的,犯罪时的年龄,是否初犯、偶犯,悔罪表现,个人成长经历和一贯表现,等等情况,予以从宽处罚。

①已满十四周岁不满十六周岁的未成年人犯罪,减少基准刑的30%—60%;

②已满十六周岁不满十八周岁的未成年人犯罪,减少基准刑的10%—50%。

(2)对于未遂犯,综合考虑犯罪行为的实行程度、造成损害的大小、犯罪未得逞的原因等情况,可以比照既遂犯减少基准刑的50%以下。

(3)对于从犯,应当综合考虑其在共同犯罪中的地位、作用,以及是否实施犯罪行为等情况,予以从宽处罚,减少基准刑的20%—50%;犯罪较轻的,减少基准刑的50%以上或者依法免除处罚。

(4)对于自首情节,综合考虑自首的动机、时间、方式、罪行轻重、如实供述罪行的程度以及悔罪表现等情况,可以减少基准刑的40%以下;犯罪较轻的,可以减少基准刑的40%以上或者依法免除处罚。恶意利用自首规避法律制裁等不足以从宽处罚的除外。

（5）对于立功情节,综合考虑立功的大小、次数、内容、来源、效果以及罪行轻重等情况,确定从宽的幅度。

①一般立功的,可以减少基准刑的20%以下;

②重大立功的,可以减少基准刑的20%—50%;犯罪较轻的,减少基准刑的50%以上或者依法免除处罚。

（6）对于坦白情节,综合考虑如实供述罪行的阶段、程度、罪行轻重以及悔罪程度等情况,确定从宽的幅度。

①如实供述自己罪行的,可以减少基准刑的20%以下;

②如实供述司法机关尚未掌握的同种较重罪行的,可以减少基准刑的10%—30%;

③因如实供述自己罪行,避免特别严重后果发生的,可以减少基准刑的30%—50%。

（7）对于当庭自愿认罪的,根据犯罪的性质、罪行的轻重、认罪程度以及悔罪表现等情况,可以减少基准刑的10%以下。依法认定自首、坦白的除外。

（8）对于退赃、退赔的,综合考虑犯罪性质、退赃、退赔行为对损害结果所能弥补的程度,退赃、退赔的数额及主动程度,等等情况,可以减少基准刑的30%以下。其中抢劫等严重危害社会治安犯罪的应从严掌握。

（9）对于积极赔偿被害人经济损失并取得谅解的,综合考虑犯罪性质、赔偿数额、赔偿能力以及认罪、悔罪程度等情况,可以减少基准刑的40%以下;积极赔偿但没有取得谅解的,可以减少基准刑的30%以下;尽管没有赔偿,但取得谅解的,可以减少基准刑的20%以下。其中抢劫、强奸等严重危害社会治安犯罪的应从严掌握。

（10）对于当事人根据《刑事诉讼法》第二百七十七条达成刑事和解协议的，综合考虑犯罪性质、赔偿数额、赔礼道歉以及真诚悔罪等情况，可以减少基准刑的 50% 以下；犯罪较轻的，可以减少基准刑的 50% 以上或者依法免除处罚。

以上所有法定量刑情节中均没有对醉酒可以从轻、减轻处罚作出规定，而且从理论上讲，醉酒也不能作为从轻、减轻处罚的量刑情节，否则很多人会利用醉酒状态去实施违法犯罪行为，这就完全不利于预防和惩罚犯罪行为。

5. 未成年人涉嫌犯罪，是否可以不用承担刑事责任？

答 这个问题的答案得看具体情况，对于不同年龄段的未成年人，有不同的法律责任规定。

如前所述，《刑法》第十七条对刑事责任年龄作出了规定。

如果是十二周岁以下的未成年人，处于不负刑事责任的年龄，确实不用承担刑事责任。

如果是已满十二周岁不满十四周岁的未成年人，犯故意杀人、故意伤害罪，致人死亡或者以特别残忍手段致人重伤造成严重残疾，情节恶劣，经最高人民检察院核准追诉的，应当负刑事责任。

如果是已满十四周岁不满十六周岁的未成年人，犯故意杀人、故意伤害致人重伤或者死亡、强奸、抢劫、贩卖毒品、放火、爆炸、投放危险物质罪的,应当负刑事责任。

如果是已满十六周岁的未成年人犯罪,应当负刑事责任。也就是说已满十六周岁的人,无论涉嫌犯什么罪都需要承担相应的刑事责任,法律规定不用承担刑事责任的除外。

如果是未满十八周岁的未成年人犯罪的,追究刑事责任时应当从轻或者减轻处罚。

因不满十六周岁不予追究刑事处罚的,责令其父母或者其他监护人加以管教;在必要的时候,依法进行专门矫治教育。

同时,《量刑指导意见》规定,对于未成年人犯罪,应当综合考虑未成年人对犯罪的认识能力,实施犯罪行为的动机和目的,犯罪时的年龄,是否初犯、偶犯,悔罪表现,个人成长经历和一贯表现,等等情况,予以从宽处罚。全面贯彻了对未成年人犯罪的教育为主,惩罚为辅的原则。

所以,对于未成年人涉嫌犯罪是否要承担刑事责任,不能一概而论,而要根据实际情况进行具体判断。

未成年人的教育工作关系国家未来和民族振兴。党和国家非常重视未成年人的教育工作。在对未成年人涉嫌犯罪的案件辩护过程中,我和家长们进行过交流,他们当中有很多人表示不知道怎么教育未成年子女。个人认为,预防未成年人犯罪,重在教育。家长是未成年人的第一任老师,也是未成年人成长过程中最重要的老师。家长承担着未成年人的家庭教育责任,但是家长无须"持证上岗",无须为此接受系统的高等教育,所以我觉得特别有必要在这里把《中华人民共和国家庭教育促进法》(以下简称《家庭教育促进法》)中有关未成年人家庭教育的内容和方式方法的规定分享给大家,以便大家学习和参照。

《家庭教育促进法》第十六条规定,未成年人的父母或者其他监护人应当针对不同年龄段未成年人的身心发展特点,以下列内容为指引,开展家庭教育:(一)教育未成年人爱党、爱国、爱人民、爱集体、爱社会主义,树立维护国家统一的观念,铸牢中华民族共同体意识,培养家国情怀;(二)教育未成年人崇德向善、尊老爱幼、热爱家庭、勤俭节约、团结互助、诚信友爱、遵纪守法,培养其良好社会公德、家庭美德、个人品德意识和法治意识;(三)帮助未成年人树立正确的成才观,引导其培养广泛兴趣爱好、健康审美追求和良好学习习惯,增强科学探索精神、创新意识和能力;(四)保证未成年人营养均衡、科学运动、睡眠充足、身心愉悦,引导其养成良好生活习惯和行为习惯,促进其身心健康发展;(五)关注未成年人心理健康,教导其珍爱生命,对其进行交通出行、健康上网和防欺凌、防溺水、防诈骗、防拐卖、防性侵等方面的安全知识教育,帮助其掌握安全知识和技能,增强其自我保护的意识和能力;(六)帮助未成年人树立正确的劳动观念,参加力所能及的劳动,提高生活自理能力和独立生活能力,养成吃苦耐劳的优秀品格和热爱劳动的良好习惯。

《家庭教育促进法》第十七条规定,未成年人的父母或者其他监护人实施家庭教育,应当关注未成年人的生理、心理、智力发展状况,尊重其参与相关家庭事务和发表意见的权利,合理运用以下方式方法:(一)亲自养育,加强亲子陪伴;(二)共同参与,发挥父母双方的作用;(三)相机而教,寓教于日常生活之中;(四)潜移默化,言传与身教相结合;(五)严慈相济,关心爱护与严格要求并重;(六)尊重差异,根据年龄和个性特点进行科学引导;(七)平等交流,予以尊重、理解和鼓励;(八)相互促进,父母与子女共同成长;(九)其他有益于未成年人全面发展、健康成长的方式方法。

6. 如果零星购买初烤烟叶,并运输到其他地方贩卖,是否有法律风险?

答 有,而且从实践经验来看,可能涉嫌非法经营犯罪。

《刑法》第二百二十五条规定,违反国家规定,未经许可经营法律、行政法规规定的专营、专卖物品或者其他限制买卖的物品的,扰乱市场秩序,情节严重的,处五年以下有期徒刑或者拘役,并处或者单处违法所得一倍以上五倍以下罚金;情节特别严重的,处五年以上有期徒刑,并处违法所得一倍以上五倍以下罚金或者没收财产。

《最高人民法院、最高人民检察院关于办理非法生产、销售烟草专卖品等刑事案件具体应用法律若干问题的解释》第一条第四款规定,违反国家烟草专卖管理法律法规,未经烟草专卖行政主管部门许可,无烟草专卖生产企业许可证、烟草专卖批发企业许可证、特种烟草专卖经营企业许可证、烟草专卖零售许可证等许可证明,非法经营烟草专卖品,情节严重的,依照《刑法》第二百二十五条的规定,以非法经营罪定罪处罚。该解释第三条规定,非法经营烟草专卖品,具有下列情形之一的,应当认定为《刑法》第二百二十五条规定的"情节严重":

(一)非法经营数额在五万元以上的,或者违法所得数额在二万元以上的;

(二)非法经营卷烟二十万支以上的;

(三)曾因非法经营烟草专卖品三年内受过二次以上行政处罚,又非法经营烟草专卖品且数额在三万元以上的。

具有下列情形之一的,应当认定为《刑法》第二百二十五条规定的"情节特别严重":

(一)非法经营数额在二十五万元以上,或者违法所得数额在十万元以上的;

(二)非法经营卷烟一百万支以上的。

所以,在实践中,只要倒卖的初烤烟叶价格鉴定在五万元以上,或者违法所得在二万元以上,均可能构成非法经营犯罪。一旦查证有这种非法倒卖烟叶的行为,相关机关就会把查获的烟叶送到相关机构进行价格鉴定。为打击涉烟违法犯罪行为,规范涉烟违法犯罪案件物品价格认定工作,云南省高级人民法院、云南省人民检察院、云南省公安厅、云南省烟草专卖局联合印发了《关于执行〈关于办理非法生产、销售烟草专卖品等刑事案件具体应用法律若干问题的解释〉座谈会纪要的通知》(云高法〔2010〕226号),并对涉烟违法犯罪案例物品作出价格认定。只要达到法定的数额,就属于犯罪行为,构成非法经营犯罪。

此外,即使倒卖烟叶没有达到犯罪标准,也会受到相应的行政处罚。

7. 驾驶自己的农用汽车帮助别人运输、倒卖初烤烟叶,是否有法律风险?

答 有,从实践经验来看,可能涉嫌非法经营犯罪。一旦倒卖初烤烟叶的行为构成非法经营犯罪,实践中往往会把驾车帮助其运输烟叶的行为认定为对非法经营犯罪的帮助行为。

《刑法》第二十七条规定,在共同犯罪中起次要或者辅助作用的,是从犯。对于从犯,应当从轻或者减轻处罚或者免除处罚。在明知他人非法经营烟草专卖品的情况下,为他人提供帮助,只要涉案初烤烟叶鉴定价值在五万元以上,或者违法所得数额在二万元以上,就属于"情节严重";如果涉案初烤烟叶鉴定价值在二十五万元以上,或者违法所得数额在十万元以上,就属于"情节特别严重",就要追究相应的刑事法律责任。

所以,律师建议,除非要求帮助运输者有初烤烟叶的相关经营许可证,否则,这样的事情不能做。

8. 租用或者流转村集体丢荒多年的土地来发展种植业需要注意哪些问题？是否有法律风险？

答 实践当中,明确存在部分人因没有进行项目合法性审查而最终涉嫌犯罪的情况。

比如,戴某租用农民丢荒多年的土地种植玛卡,构成非法占用农用地罪。

案件情况如下,外地商人戴某欲在某地种植玛卡,于是在本地找了一个人向当地村民租地。某村民想把自己荒废多年的土地出租给戴某,因为该村民没有《农村土地承包经营权证》,戴某不放心,于是找到村委会来落实这些土地的权属问题。村民及村委会领导均说这些土地是20世纪90年代左右村民开垦的荒地,并未进行土地经营权确权,确实是属于各村民的。现在很多村民进城打工了,这些荒地离村民居住的地方又比较远,而且留在村里生活的大部分是老年人,于是就荒废了。为此,村委会还出具了一份书面证明文件,证明这些已经荒废多年的土地是属于该村集体的。于是,戴某找到之前参与开荒的村民逐家签订租地协议,并支付了租金,就这样,戴某一口气租了四百余亩土地。租完地后,戴某一边开始着手整地、修路、修建工人房、找储存仓库,一边安排人手成立农业公司,并准备找当地乡政府审批相关手续。干到将近一半的时候,林业站的工作人员来到现场说这些地是林地,属于林业站管理范围,并当场口头通知他们停止施工。因为戴某没有在现场,工人就没有及时把林业站工作人员要求停工的情况反馈给戴某,他们继续整地、挖蓄水池、修建工人房、修路等,等这些干完,已经种上第一批玛卡的时候,当地公安机关对戴某及其工作人员以涉嫌非法占用农用地罪进行了刑事立案。截至立案时,戴某还没有到乡政府办理相关审批手续。

据林业站的工作人员陈述,这些土地属于林地。这些土地一开始就属于林地,只是20世纪八九十年代疏于管理,村民大量砍伐林木,导致植被大幅度减少,后来因为管理不到位,很多附近的村民直接把这些林地当成了荒地。他们种植了几年粮食后,因为土地比较贫瘠,粮食产量并不高,加之很多人进城打工,于是又把这些土地丢弃了,截至戴某进行种植,已经近十年了。植被慢慢在恢复,林业部门的管理力度也在加强,于是林业部门进行了林地确权。

依照《中华人民共和国土地管理法》(以下简称《土地管理法》)第三十八条的规定,这些开荒的土地连续两年未被耕种,就应当无偿收回用地单位的土地使用权,若土地为农村集体所有的,应当交由原农村集体经济村组恢复耕种。而这些土地本就属于林地。《土地管理法》第四十条规定,根据土地利用总体规划,对破坏生态环境开垦、围垦的土地,有计划有步骤地退耕还林、还牧、还湖。所以,这些林地现在依法属于林业部门,林业部门也有管理的权利和义务。

最终,戴某等人因违反《土地管理法》,未经林业主管部门批准,非法占用林地,改变被占用林地用途,数量较大,其行为构成非法占用农用地罪,被追究刑事责任,并处罚金。

所以,在租用或者流转村集体丢荒多年的土地来发展种植时,业需要注意土地使用性质的落实,需要先进行项目的合法性审查,以及相关项目的依法审批,先审批,再开工,否则,法律风险很大,不仅容易导致投资无法收回,而且容易涉嫌刑事犯罪。

9. 租用或者流转村集体的基本农田发展林果业是否可以?有什么法律风险?

答 不可以。可能涉嫌非法占用农用地罪。

《土地管理法》第三十五条规定,永久基本农田经依法划定后,任何单位和个人不得擅自占用或者改变其用途。国家能源、交通、水利、军事设施等重点建设项目选址确实难以避让永久基本农田,涉及农用地转用或者土地征收的,必须经国务院批准。

禁止通过擅自调整县级土地利用总体规划、乡(镇)土地利用总体规划等方式规避永久基本农田农用地转用或者土地征收的审批。

也就是说,对于永久基本农田,除非涉及国家能源、交通、水利、军事设施等重点建设项目选址确实难以避让的情况,必须经过国务院批准才可以占用或者改变土地用途,其他项目是不可以改变永久基本农田的用途的。

《土地管理法》第三十七条规定,非农业建设必须节约使用土地,可以利用荒地的,不得占用耕地;可以利用劣地的,不得占用好地。禁止占用耕地建窑、建坟或者擅自在耕地上建房、挖砂、采石、采矿、取土等。禁止占用永久基本农田发展林果业和挖塘养鱼。

该条明确表明，永久基本农田不得用于发展林果业。

《土地管理法》第七十五条规定，违反本法规定，占用耕地建窑、建坟或者擅自在耕地上建房、挖砂、采石、采矿、取土等，破坏种植条件的，或者因开发土地造成土地荒漠化、盐渍化的，由县级以上人民政府自然资源主管部门、农业农村主管部门等按照职责责令限期改正或者治理，可以并处罚款；构成犯罪的，依法追究刑事责任。

《刑法》第三百四十二条规定，违反土地管理法规，非法占用耕地、林地等农用地，改变被占用土地用途，数量较大，造成耕地、林地等农用地大量毁坏的，处五年以下有其徒刑或者拘役，并处或者单处罚金。

再根据《最高人民法院关于审理破坏土地资源刑事案件具体应用法律若干问题的解释》第三条规定，违反土地管理法规，非法占用耕地改作他用，数量较大，造成耕地大量毁坏的，依照《刑法》第三百四十二条的规定，以非法占用耕地罪定罪处罚。非法占用耕地"数量较大"，是指非法占用基本农田五亩以上或者非法占用基本农田以外的耕地十亩以上。

《最高人民检察院、公安部关于公安机关管辖的刑事案件立案追诉标准的规定(一)》第六十七条规定，违反土地管理法规，非法占用耕地、林地等农用地，改变被占用土地用途，造成耕地、林地等农用地大量毁坏，涉嫌下列情形之一的，应予立案追诉:(一)非法占用基本农田五亩以上或者基本农田以外的耕地十亩以上的;(二)非法占用防护林或者特种用途林地数量单种或者合计五亩以上的;(三)非法占用其他林地十亩以上的;(四)非法占用本款第(二)项、第(三)项规定的林地,其中一项数量达到相应规定的数量标准的百分之五十以上,且两项数量合计达到该项规定的数量标准的;(五)非法占用其他农用地数量较大的情形。

《土地管理法》第七条规定,任何单位和个人都有遵守土地管理法律、法规的义务,并有权对违反土地管理法律、法规的行为提出检举和控告。

《刑法》中有明确的犯罪构成规定和量刑规定,公安机关有明确的立案追诉规定。也就是说,如果租用或者流转基本农田来发展林果业,只要达到五亩,不仅违法,而且会涉嫌非法占用农用地罪,并且村民、村集体、乡政府等任何人或者单位只要向公安机关检举揭发,公安机关就会以涉嫌犯罪而立案调查。

综合以上情况,建议不要租用或者流转村集体的基本农田发展林果业。

10. 如果信用卡无法按时还款,且欠款累计总金额达五十万元,那么将会面临什么样的法律风险?

答 我认为需要具体情况具体分析。若明知自己无法偿还,还恶意透支,则属于非法占有。如果超过规定的限额或者规定期限透支,经过发卡银行催收后仍然不归还,那么有恶意占有行为的这部分人可能会构成犯罪,即涉嫌信用卡诈骗罪。

不过,发生这种情况,大多数银行不会向公安机关报案。如果银行不向公安机关报案,那么欠款者就不会被追究刑事责任,但是银行会依法要求逾期人员支付信用卡逾期滞纳金、产生的逾期利息,同时这也会影响个人征信。《银行卡业务管理办法》第二十二条规定,发卡银行对贷记卡持卡人未偿还最低还款额和超信用额度用卡的行为,应当分别按最低还款额未还部分、超过信用额度部分的5%收取滞纳金和超限费。《民法典》第六百七十六条规定,借款人未按照约定期限返还借款的,应当按照约定或者国家有关规定支付逾期利息。《中国人民银行关于人民币贷款利率有关问题的通知》第三条规定了罚息利率问题:逾期贷款(借款人未按合同约定日期还款的借款)罚息利率由现行按日万分之二点一计收利息,改为在借款合同载明的贷款利率水平上加收30%—50%;借款人未按合同约定用途使用借款的罚息利率,由现行按日万分之五计收利息,改为在借款合同载明的贷款利率水平上加收50%—100%。对逾期或未按合同约定用途使用借款的贷款,从逾期或未按合同约定用途使用贷款之日起,按罚息利率计收利息,直至清偿本息为止。对不能按时支付的利息,按罚息利率计收复利。如果经过发卡银行催收后仍然不归还的,银行就会依法向法院提起民事诉讼。当法院依法判决信用卡持有人归还所透支的款项后,仍然不按期归还的,银行可以依法向人民法院申请强制执行。如果银行卡持有人依然不按期还款的,执行法院可以依据《最高人民法院关于公布失信被执行人名单信息的若干规定》第一条的规定处理,即被执行人未履行生效法律文书确定的义务,并具有下列情形之一的,人民法院应当将其纳入失信被执行人名单,依法对其进行信用惩戒:(一)有履行能力而拒不履行生效法律文书确定义务的;(二)以伪造证据、暴力、威胁等方法妨碍、抗拒执行的;(三)以虚假诉讼、虚假仲裁或者以隐匿、转移财产等方法规避执行的;(四)违反财产报告制度的;(五)违反限制消费令的;(六)无正当理由拒不履行执行和解协议的。

《最高人民法院关于公布失信被执行人名单信息的若干规定》第八条规定,人民法院应当将失信被执行人名单信息,向政府相关部门、金融监管机构、金融机构、承担行政职能的事业单位及行业协会等通报,供相关单位依照法律、法规和有关规定,在政府采购、招标投标、行政审批、政府扶持、融资信贷、市场准入、资质认定等方面,对失信被执行人予以信用惩戒。人民法院应当将失信被执行人名单信息向征信机构通报,并由征信机构在其征信系统中进行记录。国家工作人员、人大代表、政协委员等被纳入失信被执行人名单的,人民法院应当将失信情况通报其所在单位和相关部门。国家机关、事业单位、国有企业等被纳入失信被执行人名单的,人民法院应当将失信情况通报其上级单位、主管部门或者履行出资人职责的机构。

《征信业务管理办法》第二十条规定,征信机构采集的个人不良信息的保存期限,自不良行为或者事件终止之日起为五年。个人不良信息保存期限届满,征信机构应当将个人不良信息在对外服务和应用中删除;作为样本数据的,应当进行匿名化处理。

如果银行选择向公安机关报案,持卡人可能会涉嫌信用卡诈骗犯罪。《刑法》第一百九十六条规定,有下列情形之一,进行信用卡诈骗活动,数额较大的,处五年以下有期徒刑或者拘役,并处二万元以上二十万元以下罚金;数额巨大或者有其他严重情节的,处五年以上十年以下有期徒刑,并处五万元以上五十万元以下罚金;数额特别巨大或者有其他特别严重情节的,处十年以上有期徒刑或者无期徒刑,并处五万元以上五十万元以下罚金或者没收财产。具体如下:(一)使用伪造的信用卡,或者使用以虚假的身份证明骗领的信用卡的;(二)使用作废的信用卡的;(三)冒用他人信用卡的;(四)恶意透支的。前款所称恶意透支,是指持卡人以非法占有为目的,超过规定限额或者规定期限透支,并且经发卡银行催收后仍不归还的行为。

《最高人民法院、最高人民检察院关于办理妨害信用卡管理刑事案件具体应用法律若干问题的解释》第六条规定,持卡人以非法占有为目的,超过规定限额或者规定期限透支,经发卡银行两次有效催收后超过三个月仍不归还的,应当认定为《刑法》第一百九十六条规定的"恶意透支"。

对于是否以非法占有为目的,应当综合持卡人信用记录、还款能力和意愿、申领和透支信用卡的状况、透支资金的用途、透支后的表现、未按规定还款的原因等情节作出判断,不得单纯依据持卡人未按规定还款的事实来认定。

具有以下情形之一的,应当认定为《刑法》第一百九十六条第二款规定的"以非法占有为目的",但有证据证明持卡人确实不具有非法占有目的的除外:(一)明知没有还款能力而大量透支,无法归还的;(二)使用虚假资信证明申领信用卡后透支,无法归还的;(三)透支后通过逃匿、改变联系方式等手段,逃避银行催收的;(四)抽逃、转移资金,隐匿财产,逃避还款的;(五)使用透支的资金进行犯罪活动的;(六)其他非法占有资金,拒不归还的情形。

在现实生活中,对于此类案件,往往会参照《最高人民法院、最高人民检察院关于办理妨害信用卡管理刑事案件具体应用法律若干问题的解释》第五条的规定处理,即数额在五千元以上不满五万元的,应当认定为《刑法》第一百九十六条规定的"数额较大";数额在五万元以上不满五十万元的,应当认定为《刑法》第一百九十六条规定的"数额巨大";数额在五十万元以上的,应当认定为《刑法》第一百九十六条规定的"数额特别巨大"。也就是说,只要数额在五千元以上,就可能会被刑事立案。

综上,律师建议,如果明知自己有可能无法还上信用卡,就不要继续透支,尤其不要恶意透支,否则会被追究民事法律责任,甚至是刑事法律责任。

11. 将银行卡借给朋友使用，并收取好处费，是否有法律风险?

答 自己的银行卡不得借给他人使用。《银行账户管理办法》第三十四条规定，存款人的账户只能办理存款人本身的业务活动，不得出租和转让账户。信用卡也具有资金结算、存款、转账等功能，所以信用卡也不得出借给他人使用。《全国人民代表大会常务委员会关于〈中华人民共和国刑法〉有关信用卡规定的解释》根据司法实践中遇到的情况，讨论了刑法规定的"信用卡"的含义问题，解释如下：《刑法》规定的"信用卡"，是指由商业银行或者其他金融机构发行的具有消费支付、信用贷款、转账结算、存取现金等全部功能或者部分功能的电子支付卡。

无论是储蓄卡还是信用卡，只要出借给他人使用，就均有承担相关民事责任的法律风险，也有承担刑事责任的法律风险。《最高人民法院关于出借银行账户的当事人是否承担民事责任问题的批复》规定，出借银行账户是违反金融管理法规的违法行为。人民法院除应当依法收缴出借账户的非法所得并可以按照有关规定处以罚款外，还应区别不同情况追究出借人相应的民事责任。《人民币银行结算账户管理办法》第六十五条规定，存款人不得出租、出借银行结算账户。

在现实生活中，我经常会接到把具有信用贷款功能的银行卡借给自己的好友或者亲戚使用后，借卡人不归还其所刷金额的纠纷咨询。《最高人民法院关于适用〈中华人民共和国民事诉讼法〉的解释》第六十五条规定,借用业务介绍信、合同专用章、盖章的空白合同书或者银行账户的,出借单位和借用人为共同诉讼人。也就是说,只要自己把信用卡借给他人使用,产生逾期不还的情况,自己和借用人就为共同诉讼人。不仅如此,还需要由出借人依法向法院申请才能把借用人追加为共同被告,甚至需要出借人举证所欠金额系借用人所刷用或者借用。如果不进入诉讼阶段,逾期还款所产生的征信问题直接影响出借人,而不是借用人。

　　生活中,把自己的银行卡借给他人使用,如果他人用于犯罪活动(比如用于支付犯罪活动款项),就有可能涉嫌帮助信息网络犯罪活动罪。《刑法》第二百八十七条之二规定,明知他人利用信息网络实施犯罪,为其犯罪提供互联网接入、服务器托管、网络存储、通讯传输等技术支持,或者提供广告推广、支付结算等帮助,情节严重的,处三年以下有期徒刑或者拘役,并处或者单处罚金。单位犯前款罪的,对单位判处罚金,并对其直接负责的主管人员和其他直接责任人员,依照第一款的规定处罚。《最高人民法院、最高人民检察院关于办理非法利用信息网络、帮助信息网络犯罪活动等刑事案件适用法律若干问题的解释》第十二条规定,明知他人利用信息网络实施犯罪,为其犯罪提供帮助,具有下列情形之一的,应当认定为《刑法》第二百八十七条之二第一款规定的"情节严重":(一)为三个以上对象提供帮助的;(二)支付结算金额二十万元以上的;(三)以投放广告等方式提供资金五万元以上的;(四)违法所得一万元以上的;(五)二年内曾因非法利用信息网络、帮助信息网络犯罪活动、危害计算机信息系统安全受过行政处罚,又帮助信息网络犯罪活动的;(六)被帮助对象实施的犯罪造成严重后果的;(七)其他情节严重的情形。实施前款规定的行为,确因客观条件限制无法查证被帮助对象是否达到犯罪的程度,但相关数额总计达到前款第二项至第四项规定标准五倍以上,或者造成特别严重后果的,应当以帮助信息网络犯罪活动罪追究行为人的刑事责任。近年来,涉嫌帮助信息网络犯罪活动罪的人数相对较多,而且大多数是因为把自己的银行卡借给他人使用。

所以,律师建议,无论借用人与自己是什么关系,都不要随意借出自己的银行卡或者账户。有些借用人会以自己的账户不能使用、自己不会开设银行账户、身份证丢失、暂时不方便开设银行账户等为借口来借用账户,这些都不可信。因为大部分借用情况,是基于借用人自己的经济状况出问题或者所接受、转出等结算款项不合法,所以风险完全不可控。

12. 开设银行账户并出卖给他人,是否有法律风险?

答 首先,肯定不可以出售银行账户;其次,肯定有法律风险。关于这一点,在上一个问题的解答中已经说明了,这里不再赘述。反过来,用别人的账户也是有风险的,如果银行卡开户人进行挂失,那么购买的账户就不可以继续使用了,在账户里的余额自然就无法顺利转走或者继续使用。账户开户人补办账户就可以把账户里的余额顺利花出去或者取走。

开设银行账户出售给他人使用,除了可能涉嫌上一问中所说的帮助信息网络犯罪活动罪,还有可能涉嫌妨害信用卡管理罪或者窃取、收买、非法提供信用卡信息罪。现实生活中,有一部分人自己开设多家银行的账户并出售给其他人使用,同时又介绍亲戚朋友开设银行账户出售给他人使用,最后因涉嫌妨害信用卡管理罪或者窃取、收买、非法提供信用卡信息罪被追究刑事责任。

《刑法》第一百七十七条之一规定,妨害信用卡管理的,处三年以下有期徒刑或者拘役,并处或者单处一万元以上十万元以下罚金;数量巨大或者有其他严重情节的,处三年以上十年以下有期徒刑,并处二万元以上二十万元以下罚金。具体如下:(一)明知是伪造的信用卡而持有、运输的,或者明知是伪造的空白信用卡而持有、运输,数量较大的;(二)非法持有他人信用卡,数量较大的;(三)使用虚假的身份证明骗领信用卡的;(四)出售、购买、为他人提供伪造的信用卡或者以虚假的身份证明骗领的信用卡的。

窃取、收买或者非法提供他人信用卡信息资料的,依照前款规定处罚。银行或者其他金融机构的工作人员利用职务上的便利,犯第二款罪的,从重处罚。

其实,我们一定要知道一个常识,即别人购买或者租用自己的银行账户,不可能是用于日常消费或者存取款的,一般都是用于违法犯罪活动。如果自己明知对方是被执行人,还对其转移财产的行为提供帮助,那就可能被视为拒不执行判决、裁定罪的帮助行为,一样可能构成犯罪。

❓ 13. 自驾去异地出差,在网络上约同行者,结伴而行,并适当分摊开销,是否有法律风险?

答 这种情况其实很普遍,生活中大家称之为"拼车"。我从微信朋友圈中看到过有人在这样干,并且少数以做刑事辩护业务为主的律师也会这样干。可能因为我是一个过于谨慎的人,所以个人建议,除非拼车人是熟人,否则最好不要做这样的事情。这样的行为至少存在以下两个方面的法律风险:第一,发生交通事故时会产生民事法律纠纷;第二,发生刑事案件时,会被一起刑事立案调查。

大多数人认为,拼车的最大风险是发生交通事故。发生交通事故后,责任的承担会有以下几种:对方车辆负全责,拼车人无须承担责任,拼车人和车辆的损失可向对方车辆主张(对方车辆保险范围内进行赔偿,超出部分由对方车辆驾驶人进行赔偿);对方车辆和拼车车辆均有过错,且导致拼车人损害的,对方车辆和拼车驾驶人应向同乘人承担赔偿责任(若双方保险金额足够赔偿,就在保险范围内进行赔偿,超出范围的由驾驶人赔偿);拼车车辆全责导致对方车辆损失的,拼车驾驶人承担法律责任;拼车人有过错的,对外应承担连带赔偿责任,对内按驾驶员与拼车人过错分担责任(在拼车车辆保险范围内进行赔偿,超出部分由驾驶人和拼车人进行赔偿)。

在轮流驾驶中,如果车主将车辆交给不具备驾驶资格或者不利于安全驾车(如酒驾)的拼车人驾驶,应认定车主具有过错,应承担相应的赔偿责任。拼车人因自身健康或者自身故意、重大过失造成的损害,车主不承担责任。

要特别注意的是,如果拼车人承担一定的费用或者变相承担一定的费用(如支付过路费),一旦发生交通事故,保险公司可能会因为非营业车辆从事运营业务而拒赔。车险的责任条约里明确规定,非营业性的私有车辆用作营业用途不能获得保险赔偿。

从法律专业角度来讲,如果是拼车行为,要在拼车之前签订协议也不实际,这样就会搞得拼车人很不愉快。如果不签订协议,一旦发生交通事故就会产生不必要的纠纷(比如承担路途中的餐费、部分加油费等,一方说是无偿拼车,另一方说是有偿拼车,只是变相支付而已)。在某交通事故案例①中,车主将汽车借给他人使用,与一对驾驶摩托车的夫妻发生碰撞。交警大队认定摩托车驾驶人承担事故的次要责任,汽车驾驶人承担事故的主要责任。于是,摩托车乘车人(妻子)把丈夫、汽车所有人、汽车驾驶人、汽车保险公司一并诉至法院,法院最终判决保险公司在交强险、商业险范围内进行赔偿,并判决保险公司退还汽车车主和汽车驾驶人帮助摩托车乘车人垫付的医疗费,判决摩托车驾驶人(摩托车乘车人的丈夫)于判决生效之日起十日内赔偿原告五万余元各项损失费。该民

①《广西壮族自治区西林县人民法院民事判决书》(2022)桂1030民初1号。

事案件在刚起诉时,律师曾经向法院提出过管辖异议,其中陈述过摩托车驾驶人与摩托车乘坐人员是夫妻关系,且夫妻没有在婚姻期间进行过财产约定,而且发生交通事故时及现在二人都是夫妻关系,妻子对丈夫的起诉不仅没有实际的经济价值,而且有违公序良俗,违背了中国的家庭伦理,不利于家庭的和睦。摩托车是机动车辆,发生事故时,乘车人(妻子)乘坐在摩托车上,属于在车上时受伤,妻子不应当把同乘的丈夫作为原告起诉。法院的主张是在婚姻期间起诉丈夫侵权赔偿是妻子的权利,至于判决后是否实际履行是另外一回事。需要注意的是,在丈夫作为被告被起诉时,该案同一个律师曾作为丈夫的代理律师向交通事故发生地人民法院起诉过。也就是说,同一个律师,在同一起交通事故中,既代理丈夫作为原告起诉,也代理妻子作为原告起诉,在妻子起诉的案件中又把丈夫作为被告起诉。可见,这是夫妻驾车发生交通事故引起的民事诉讼。

处理交通事故时可依据的部分法律如下:

《民法典》第一千二百零八条规定,机动车发生交通事故造成损害的,依照道路交通安全法律和本法的有关规定承担赔偿责任。

《道路交通事故处理程序规定》第六十条规定,公安机关交通管理部门应当根据当事人的行为对发生道路交通事故所起的作用以及过错的严重程度,确定当事人的责任。(一)因一方当事人的过错导致道路交通事故的,承担全部责任;(二)因两方或者两方以上当事人的过错发生道路交通事故的,根据其行为对事故发生的作用以及过错的严重程度,分别承担主要责任、同等责任和次要责任;(三)各方均无导致道路交通事故的过错,属于交通意外事故的,各方均无责任。一方当事人故意造成道路交通事故的,他方无责任。

《民法典》第一千二百一十三条规定,机动车发生交通事故造成损害,属于该机动车一方责任的,先由承保机动车强制保险的保险人在强制保险责任限额范围内予以赔偿;不足部分,由承保机动车商业保险的保险人按照保险合同的约定予以赔偿;仍然不足或者没有投保机动车商业保险的,由侵权人赔偿。

《民法典》第一千二百零九条规定,因租赁、借用等情形机动车所有人、管理人与使用人不是同一人时,发生交通事故造成损害,属于该机动车一方责任的,由机动车使用人承担赔偿责任;机动车所有人、管理人对损害的发生有过错的,承担相应的赔偿责任。

拼车人如果利用拼车机会进行犯罪,车辆驾驶人很可能会被一起立案调查。在实践当中,有人会利用拼车或者打车的机会运输或者贩卖毒品。如果犯罪嫌疑人在拼车过程中被公安机关查获或者抓获,那么车辆驾驶人也会被一起立案调查。即便自己不知情,没有参与,一般也要被羁押三十天。比如,某个跑"滴滴"的司机,没有通过"滴滴"平台拉客,而是与乘客私下谈价运输。后来,该乘客涉嫌毒品犯罪,"滴滴"司机也被立案调查。公安机关在第三十天时向检察院报捕,因为证据不足,对"滴滴"司机不予批捕。从检察院不予批捕到公安机关办理取保候审,"滴滴"司机已经在看守所被羁押了三十七天。接下来,还有一年的取保候审期,即如果一年内公安机关侦查不到该"滴滴"司机涉嫌毒品犯罪的新证据,案件才算了结。类似这样的案例,在我们的现实生活中时有发生。在我看来,"滴滴"司机和拼车车主都很无辜。我们也不要认为公安机关的处理方式有什么不妥,因为只有经过一定时间的调查,才能弄清案件原委。而在这个调查过程中,"滴滴"司机和拼车车主是要付出失去一段时间人身自由的代价的。个人认为,这一刑事法律风险不比发生交通事故时的民事法律纠纷风险小。

14. 我成立了一家废旧物资回收经营部,如果不慎收购到来源不合法的废旧物资,有什么法律风险?

答 如果是"不慎"收购了来源不合法的废旧物资,我认为不构成犯罪,但是实际上,还是可能会被公安机关以涉嫌掩饰、隐瞒犯罪所得、犯罪所得收益罪进行刑事立案调查。本罪是指明知是犯罪所得及其产生的收益,而予以窝藏、转移、收购、代为销售或者以其他方法掩饰、隐瞒的行为。所以,我认为既然是"不慎"收购到的,那么至少说明收购人不知情或者已经尽了合理注意义务,《刑法》将本罪规定为故意犯罪,收购人不具有犯本罪的故意,当然就不构成犯罪。立法解释与司法解释的态度是,"明知"包括已经知道和应当知道①。司法机关要证明行为人是"明知",还是相当困难的,因为实践当中很多犯罪嫌疑人,尤其是一些惯犯,根本不认罪,所以,公安机关就只有通过羁押一段时间进行案件调查或者初步侦查,才有可能落实清楚行为人"不明知"的情况。

　　我自执业以来已经办理过多起不慎收购到废旧物资被刑事立案的案件,并且最后均以公安机关撤销案件或者不移送审查起诉,又或者检察院认为证据不足,不予批捕结案。比如,某人把自己盗窃所得的二手挖掘机拆散后,将废旧钢铁拉去某废旧物资回收经营部出售,负责人当时了解情况后认为这些废旧钢铁很可能是盗窃所得,于是拒绝回收。第二天一早,负责人外出收废旧物品,废旧物资回收经营部负责人的父亲在不熟悉行业规定的情况下收了这批废旧钢铁,且让自己的儿子微信转钱给出售者。一个月后,该盗窃者因盗窃犯罪行为被公安机关抓捕归案,之后废旧物资回收经营部的负责

---

① 张明楷:《刑法学》(上下册)(第六版),法律出版社,2021年,第1443页。2014年4月24日全国人大常委会《关于〈中华人民共和国刑法〉第三百四十一条、第三百一十二条的解释》规定:"知道或者应当知道是刑法第三百四十一条第二款规定的非法狩猎的野生动物而购买的,属于刑法三百一十二条第一款规定的明知是犯罪所得而收购的行为。"2020年3月16日,最高人民法院、最高人民检察院、公安部联合制定了《关于办理涉窨井盖相关刑事案件的指导意见》,其第七条规定,知道或者应当知道是盗窃所得的窨井盖及其产生的收益而予以窝藏、转移、收购、代为销售或者以其他方法掩饰、隐瞒的,以掩饰、隐瞒犯罪所得、犯罪所得收益定罪处罚。另参见1998年5月8日,最高人民法院、最高人民检察院、公安部、国家工商行政管理局《关于依法查处盗窃、抢劫机动车案件的规定》第十七条规定。

人因涉嫌掩饰、隐瞒犯罪所得、犯罪所得收益罪被刑事拘留。律师接受家属委托后会见了当事人,根据当事人的陈述,向公安机关提了不构成犯罪的辩护意见,希望公安机关撤销案件,但公安机关不予采纳。于是,辩护律师又提出了取保候审申请,也被当场拒绝,但辩护律师坚持提交书面意见。到当事人被羁押第二十八天的时候,公安机关也认为其不构成犯罪,最后决定不予报捕。

律师建议,废旧物资回收经营部的负责人和工作人员,在收购废旧物资的时候,一定要对废旧物资的来源进行落实,如果凭自己的常识都可以判断是犯罪所得及其产生的收益,那么就不得收购。

关于该罪,《刑法》第三百一十二条规定,明知是犯罪所得及其产生的收益而予以窝藏、转移、收购、代为销售或者以其他方法掩饰、隐瞒的,处三年以下有期徒刑、拘役或者管制,并处或者单处罚金;情节严重的,处三年以上七年以下有期徒刑,并处罚金。单位犯前款罪的,对单位判处罚金,并对其直接负责的主管人员和其他直接责任人员,依照前款的规定处罚。

15. 如何才能顺利完成自己的安乐死计划?

答 这个计划在国内无法实现,因为我国法律不支持安乐死。据《现代汉语词典》(第七版),安乐死是指应无法救治又极为痛苦的病人的主动要求,医生采取措施使病人无痛苦地死去。安乐死分为积极安乐死(作为的安乐死)和消极安乐死(不作为的安乐死)。积极安乐死是指鉴于病人治愈无望,痛苦难耐,或者虽然可以继续维持生命,但极其痛苦,应病人或家属的请求,医务人员采用药物或其他主动的手段促进病人生命的结束,让其安然死去。消极安乐死是指对濒临死亡的患者,经其承诺或者家属的要求,不采取治疗措施或者撤除救治措施,任其死亡。

《中华人民共和国医师法》(以下简称《医师法》)第三条规定,医师应当坚持人民至上、生命至上,发扬人道主义精神,弘扬敬佑生命、救死扶伤、甘于奉献、大爱无疆的崇高职业精神,恪守职业道德,遵守执业规范,提高执业水平,履行防病治病、保护人民健康的神圣职责。医师依法执业,受法律保护。医师的人格尊严、人身安全不受侵犯。所以,我国法律不支持安乐死,如果发生积极安乐死,参与人员可能会涉嫌故意杀人罪。《刑法》第二百三十二条规定,故意杀人的,处死刑、无期徒刑或者十年以上有期徒刑;情节较轻的,处三年以上十年以下有期徒刑。

如果是患者同意放弃治疗的消极安乐死,我认为不构成犯罪。如果患者身体健康状况极差,无法自主作出是否继续救治的决定,那么由其家属来做决定。如果根据专业医师的判断有救治可能性,而家属也有支付救助费用的能力,家属放弃救治的,可能构成遗弃罪;如果根据专业医师的判断有救治可能性,而家属无支付救助费用的能力,家属放弃救治的,不构成犯罪;如果根据专业医师的判断没有救治可能性,家属放弃救治的,不构成犯罪。

《刑法》第二百六十一条规定,对于年老、年幼、患病或者其他没有独立生活能力的人,负有扶养义务而拒绝扶养,情节恶劣的,处五年以下有期徒刑、拘役或者管制。

16. 怎样才能使自己在失去意识的时候按照自己的愿望不接受有创抢救?

答 从我国法律的规定上来讲,这个愿望基本不太可能实现。因为这与我国弘扬的敬佑生命、救死扶伤的人道主义精神是相违背的。如果在健康的时候,依照医生的嘱咐按时检查身体,医生对患者的身体情况比较熟悉,经过检查,从专业上分析没有继续救治的必要或者可能性,而患者又留有遗嘱,那么当不具备救治条件时,可以请患者家属或医生放弃不必要的有创抢救。我想这是可以实现的,但前提是医生和患者家属都比较熟悉患者的基本情况。

有的老人与我说想把这个愿望写成遗嘱,并制作成一块牌子,之后直接挂在自己的脖子上。这样做其实与写遗嘱效果是一样的,只是更容易让他人发现而已。我觉得身边如果有这样的老人,其子女应该多陪伴他们。

17. 个人或者公司被民事起诉,导致处于亏损状态,没有能力顾及法院的案件,是否涉嫌犯罪?

答 不涉嫌犯罪,但是会失去应有的诉讼权利。《民事诉讼法》第一百四十七条规定,被告经传票传唤,无正当理由拒不到庭的,或者未经法庭许可中途退庭的,可以缺席判决。个人建议,还是要正确应对,如果实在没有钱聘请律师,可以依法申请法律援助律师。如果达不到申请法律援助律师的条件(实践中有一些人仅是经营困难,欠一些外债,但是有车有房,所以就达不到申请法律援助律师的条件),可以到法院领取起诉方的诉状、证据清单,并咨询律师,请律师给予一定的专业指导,甚至可以请律师免费书写答辩状和代理意见,帮助组织证据清单。虽然有的律师是计时收费的,但毕竟是少数。大多数律师会提供一定的免费咨询,尤其是对经济确实困难的当事人及其家属。

此外,《民事诉讼法》第五十二条规定,当事人有权委托代理人,提出回避申请,收集、提供证据,进行辩论,请求调解,提起上诉,申请执行。当事人可以查阅本案有关材料,并可以复制本案有关材料和法律文书。查阅、复制本案有关材料的范围和办法由最高人民法院规定。当事人必须依法行使诉讼权利,遵守诉讼秩序,履行发生法律效力的判决书、裁定书和调解书。所以,如果不积极应对别人的起诉,甚至缺席庭审的话,就会失去这些权利,法院在案件事实的调查和认定方面,就只能依照起诉一方所提供的证据材料依法进行。接下来，举一个积极应诉获得较好效果的案例。

　　A是某公司的大股东兼法定代表人，B是A公司的会计，经营期间，因为A年纪比较轻，加上公司生意比较好，事情也比较多，于是A把公司财务管理问题全部交给了B，且没有进行有效监管。某段时间，因为公司垫款比较多，于是B告诉A，公司账户上没有钱了，但是公司又需要支付供应商材料款和工人工资，B打算个人借五十万元给公司，等欠款收回来再还。A很感动，立即同意了，而且增加了对B的信任，同时向B出具了借条。自此，A就几乎完全放下了对公司财务的监管。两年后，公司因为经营不善，产生亏损，于是A把公司注销了。但是B说自己借给公司的钱还没有收回，于是让A以个人名义写了一张五十万元的借条。又过一年，B向法院起诉了A，要求其偿还五十万元借款及资金占用利息。A由于公司亏损，本就欠五十余万元的款项，且A的财产已经为还债全部卖完了。A找律师咨询，律师问其借款的事实是否存在，借给谁的，用途是什么等基本情况。A陈述借款事实存在，是借给公司的，但是公司已经注销一年多了。律师认为，B应该起诉公司的所有股东、主体，这是一个答辩观点。A说因为他是大股东，且公司也是他实际经营的，所以，在注销后为了不麻烦其他股东，他又以个人名义向B出具了借条。那么律师认为此案件必败无疑，就只能争取少给利息。因为借款合同是属于实践性合同，所以，律师建议A把借款期间的公司流水打出来。因为公司及公司账户都已经注销，所以申请打印流水相对慢一些,开庭前一天才拿到银行流水。然而,律师查看了所有流水后发现,B根本就没有给公司转过借款,相反,B在公司出具五十万元借条一个月后,从公司账户以还款名义将五十余万元转入自己账户。同时,律师发现,B从公司账户转走了七百余万元款项到自己的私人账户上。开庭当天,A坚持陈述,当时B确实主动提出借给公司五十万元,用于支付供应商材料款和工人工资,所以,公司出具的借条是真实的,且后面A个人出具的借条也是真实的,但A因为当时很信任B,没有落实借款是否到位,所以确实不知道B是否转了五十万元款项给公司。B因无法举证款项交付,且已经从公司对公账户转走了五十余万元,标注用途为还款,所以B无法提供借款交付的证据。B开完庭后作出撤诉处理,A的积极应对获得了胜诉。

此外,需要注意的是,如果民事案件败诉后,对人民法院的判决、裁定有能力执行而拒不执行,情节严重的,有可能会构成拒不执行判决、裁定犯罪。现实生活中,有一部分人前期会通过转移财产等方式逃避法院的执行,这样完全有可能构成犯罪。

18. 别人欠钱不还,采取极端措施,威逼利诱对方还钱,是否可取?

答 不可取。欠钱不还,如果有相应的证据,可法院到起诉,一般诉求都会得到法院的支持,而且法院会在判决书的尾部明确表达,如果未按照判决期间履行金钱给付义务,应当依照《民事诉讼法》第二百六十条之规定(被执行人未按判决、裁定和其他法律文书指定的期间履行给付金钱义务的,应当加倍支付迟延履行期间的债务利息。被执行人未按判决、裁定和其他法律文书指定的期间履行其他义务的,应当支付迟延履行金),加倍支付迟延履行期间的债务利息。进入执行阶段,法院也会采取很多强有力的执行措施,比如查询、划拨、变价金融资产,搜查被执行人的财产。当然,申请人也要学会协助法院一起查询。具体措施如下:查封被执行人的财产,冻结被执行人的银行账户、微信账户、支付宝账户、股权,扣押被执行人的财产,强制迁出房屋或者强制退出土地并进行拍卖、变卖等,对被执行人采取或者通知有关单位协助采取限制出境,在征信系统记录,通过媒体公布不履行义务信息,以及法律规定的其他措施,等等。有国家强大的司法机关作为执行后盾,只要申请人足够勤快,多与执行法官沟通交流,执行力度就会很强。

相反,如果采取极端措施逼其还钱,如找人去债务人家里住着,找人去债务人公司住着,把债务人的孩子从学校接走,等等,那么可能会涉嫌刑事犯罪。

如果找人去债务人家里住着,可能会涉嫌非法侵入住宅罪。一般认为,非法侵入住宅是指非法强行闯入他人住宅,或者经要求退出仍拒绝退出,影响他人正常生活和居住安宁的行为。①《刑法》第二百四十五条规定,非法侵入他人住宅的,处三年以下有期徒刑或者拘役。司法工作人员滥用职权,犯前款罪的,从重处罚。

如果找人去债务人公司住着,可能会涉嫌破坏生产经营罪,或者发生其他犯罪,比如侮辱罪、故意伤害罪等。破坏生产经营罪,是指由于泄愤报复或者其他个人目的,毁坏机器设备、残害耕畜或者以其他方法破坏经营的行为。②《刑法》第二百七十六条规定,由于泄愤报复或者其他个人目的,毁坏机器设备、残害耕畜或者以其他方法破坏生产经营的,处三年以下有期徒刑、拘役或者管制;情节严重的,处三年以上七年以下有期徒刑。依照《最高人民检察院、公安部关于公安机关管辖的刑事案件立案追诉标准的规定(一)》第三十四条的规定,由于泄愤报复或者其他个人目的,毁坏机器设备、残害耕畜或者以其他方法破坏生产经营,涉嫌下列情形之一的,应予立案追诉:(一)造成公私财物损失五千元以上的;(二)破坏生产经营三次以上的;(三)纠集三人以上公然破坏生产经营的;(四)其他破坏生产经营应予追究刑事责任的情形。

如果把债务人的孩子从学校接走,那么可能会涉嫌非法拘禁罪或者其他犯罪。《刑法》第二百三十八条规定,非法拘禁他人或者以其他方法非法剥夺他人人身自由的,处三年以下有期徒刑、拘役、管制或者剥夺政治权利。具有殴打、侮辱情

---

① 张明楷:《刑法学》(上下册)(第六版),法律出版社,2021年,第1180页。
② 周光权:《刑法各论》,中国人民大学出版社,2016年,第148页。

节的,从重处罚。犯前款罪,致人重伤的,处三年以上十年以下有期徒刑;致人死亡的,处十年以上有期徒刑。使用暴力致人伤残、死亡的,依照《刑法》第二百三十四条、第二百三十二条的规定定罪处罚。为索取债务非法扣押、拘禁他人的,依照前两款的规定处罚。国家机关工作人员利用职权犯前三款罪的,依照前三款的规定从重处罚。《人民检察院直接受理立案侦查案件立案标准的规定(试行)》第三条第一款对国家机关工作人员利用职权实施的非法拘禁案作出规定,非法拘禁罪是指以拘禁或者其他强制方法非法剥夺他人人身自由的行为。国家机关工作人员涉嫌利用职权非法拘禁,具有下列情形之一的,应予立案:(1)非法拘禁持续时间超过二十四小时的;(2)三次以上非法拘禁他人,或者一次非法拘禁三人以上的;(3)非法拘禁他人,并实施捆绑、殴打、侮辱等行为的;(4)非法拘禁,致人伤残、死亡、精神失常的;(5)为索取债务非法扣押、拘禁他人,具有上述情形之一的;(6)司法工作人员对明知是无辜的人而非法拘禁的。最高人民法院、最高人民检察院、公安部、司法部《关于办理黑恶势力犯罪案件若干问题的指导意见》第六条规定,有组织地多次短时间非法拘禁他人的,应当认定为《刑法》第二百三十八条规定的"以其他方法非法剥夺他人人身自由"。非法拘禁他人三次以上、每次持续时间在四小时以上,或者非法拘禁他人累计时间在十二小时以上的,应当以非法拘禁罪定罪处罚。

在现实生活中,这些不恰当的要债或者追债行为,涉嫌各种各样犯罪的情况时有发生,甚至有的涉嫌黑恶势力犯罪、故意伤害犯罪、故意杀人犯罪。针对对方拖欠欠款造成了自己很大损失甚至破产的情况,律师建议无论是经营行为,还是借贷行为,都应该尽力而为,不要在经营或者借贷中过于透支,以免导致自己、家庭、公司陷入经济危机。

三

民事篇

1. 委托律师代理民事纠纷,是否可以保证案件结果?

答 肯定不可以保证案件结果。但是,律师可以依照委托人提供的证据材料、陈述的案件事实等,结合自己的法律专业知识、执业经验及司法判例作出一个可能会面临的案件结果分析。比如,在一个民间借贷案件中,如果委托人可以提供借条、转款凭证(交付凭证)、借款方的主体信息,并且借条上约定的还款期限届满,能证明借款法律事实真实存在,那么法院一般都会支持起诉人的诉讼请求。律师仅能提供法律专业帮助,律师的帮助可以把一个民事案件做到合法权益最大化,相对于非专业法律人,可以把败诉风险控制到最小,可以把民事起诉状、证据清单、立案、法庭审理、上诉、申诉、抗诉等法律程序做到专业化。比如,在买卖合同欠款纠纷中,只要委托人可以提供买卖合同、送货单、供货单、签收单或者对账单,且已经到了合同约定的付款时间,案件一般都可以胜诉。现实中,大多数人均有厌讼的传统意识,以及和气生财的思想观念,会为了今后还可以继续做生意,对付款期限作出一定的让步。即使到了付款期限,口头或者电话催要后,欠款人仍然以各种理由来拖延付款时间的,大多数人也不会立即作出起诉决定,而只有在万不得已的情况下才会起诉,如诉讼时效临近届满、自己的经济状况恶化等。如果委托律师代理起诉,律师除会起草专业的民事起诉状,制作专业的证据清单之外,还会依照

《最高人民法院关于审理买卖合同纠纷案件适用法律问题的解释》第二十四条之规定(买卖合同对付款期限作出的变更,不影响当事人关于逾期付款违约金的约定,但该违约金的起算点应当随之变更。买卖合同约定逾期付款违约金,买受人以出卖人接受价款时未主张逾期付款违约金为由拒绝支付该违约金的,人民法院不予支持。买卖合同约定逾期付款违约金,但对账单、还款协议等未涉及逾期付款责任,出卖人根据对账单、还款协议等主张欠款时请求买受人依约支付逾期付款违约金的,人民法院应予支持,但对账单、还款协议等明确载有本金及逾期付款利息数额或者已经变更买卖合同中关于本金、利息等约定内容的除外。买卖合同没有约定逾期付款违约金或者该违约金的计算方法,出卖人以买受人违约为由主张赔偿逾期付款损失的,人民法院可以中国人民银行同期同类人民币贷款基准利率为基础,参照逾期罚息利率标准计算),提醒债权人自欠款确定支付之日起依照全国银行间同业拆借中心公布的贷款市场报价利率主张利息。民事案件的起诉还是需要有一定的利息主张的,否则,当年付清和三年后付清金额都是一样的,这样不仅对债权人不公平,也不利于促使债务人尽快履行义务。

法官在审判案件中,也得遵守一定的法定义务。《法官法》第十条规定,法官应当履行下列义务:(一)严格遵守宪法和法律;(二)秉公办案,不得徇私枉法;(三)依法保障当事人和其他诉讼参与人的诉讼权利;(四)维护国家利益、社会公共利益,维护个人和组织的合法权益;(五)保守国家秘密和审判工作秘密,对履行职责中知悉的商业秘密和个人隐私予以保密;(六)依法接受法律监督和人民群众监督;(七)通过依法办理案件以案释法,增强全民法治观念,推进法治社会建设;(八)法律规定的其他义务。也就是说,只要起诉人的诉讼请求是依法依规提起的,法官就必须依法支持起诉人的合法权益,不得枉法裁判。律师作为专业的法律人,除了可以依法代理案件,还可以依法监督法官办理案件。《法官法》第四十六条规定,法官有下列行为之一的,应当给予处分;构成犯罪的,依法追究刑事责任。具体如下:(一)贪污受贿、徇私舞弊、枉法裁判的;(二)隐瞒、伪造、变造、故意损毁证据、案件材料的;(三)泄露国家秘密、审判工作秘密、商业秘密或者个人隐私的;(四)故意违反法律法规办理案件的;(五)因重大过失导致裁判结果错误并造成严重后果的;(六)拖延办案,贻误工作的;(七)利用职权为自己或者他人谋取私利的;(八)接受当事人及其代理人利益输送,或者违反有关规定会见当事人及其代理人的;(九)违反有关规定从事或者参与营利性活动,在企业或者其他营利性组织中兼任职务的;(十)有其他违纪违法行为的。法官的处分按照有关规定办理。也就是说,法官如果违法办理案件,也会受到相应的处分。如果当事人委托了律师,律师除了可以依法开展代理工作,还可以向当事人释法,告知当事人有哪些合法权益,这样当事人就不至于放弃自己的合法权益,也不至于在诉讼案件中主张超越自己权限的合法权益。其实,主张超越合法边界的权益的行为也是需要付出代价的,比如本应该依法主张一百万元的损害赔偿,却主张了三百万元的损害赔偿,而三百万元的诉讼请求在2022年需要相应向法院交纳三万零八百元的诉讼费。如果法院审理后仅支持了一百万元的赔偿款,那么一百万元部分的诉讼费由被告承担,而多主张的二百万元的诉讼费就得由原告承担。由此可见,多承担诉讼费是当事人承担的最小损失,处理不当,还会有更大的损失。这里所说的仅是诉讼费,还有保全费、担保费、律师费等,均需要承担更多,如果保全费过高,还会引起申请财产保全损害赔偿纠纷等。

所以,律师建议,即便律师不能保证案件结果,遇到民事纠纷时,还是应该委托律师。律师可以用自己的专业知识帮助当事人预测一个相对可能的法律结果,提出相对合理的诉讼方案,并帮助或者指导当事人以最小的经济投入和时间付出,争取最大的合法权益。

2. 村委会聘请律师作为法律顾问,可以帮村民做些什么?

答 要回答这个问题,首先得弄清楚村委会应履行哪些职责,其次得明确律师可以提供哪些方面的帮助。

根据《湖北省〈实施中华人民共和国村民委员会组织法〉办法》第七条的规定,村民委员会依法履行下列职责:(1)宣传和贯彻宪法、法律、法规和国家政策,教育引导村民依法行使权利、履行义务,遵守并组织实施村民自治章程和村规民约,维护村民的合法权益,接受村民监督;(2)召集村民会议、村民代表会议并向其报告工作,负责实施村民会议、村民代表会议的决定、决议;(3)组织实施本村经济和社会发展规划、村庄规划、年度计划,办理本村的公共事务和公益事业,兴修和维护道路、水利等基础设施,改善村民生活环境和居住条件;(4)支持和组织村民依法发展各种形式的经济,承担本村生产经营的服务和协调工作;(5)支持集体经济组织依法进行经济活动,推进以家庭经营为基础,集体经营、合作经营、企业经营共同发展的农业经营方式,支持各类新型农业经营主体和新型职业农民的发展培育,保障集体经济组织和村民、承包经营户、联户或者合伙的合法财产权和其他合法权益;(6)管理本村财务、政府拨款和捐赠资金,建立健全民主理财制度,依法依规定期向村民公开财务收支情况;(7)依法管理本村属于村民集体所有的土地和其他财产,引导村民合理利用自然资源,保护和改善生态环境;(8)支持和引导村民保护传统村落和民居等历史文物古迹,传承优秀文化遗产;(9)开展健康有益的文化体育活动,普及农村实用科学技术知识,促进男女平等,做好卫生和计划生育工作,倡导移风易俗、尊老爱幼、扶贫济困、助残扶孤、见义勇为,反对封建迷信、邪教活动,树立社会主义新风尚;(10)支持服务性、公益性、互助性社会组织依法开展活动,推动农村社区建设;(11)调解民间纠纷,促进村民之间、村与村之间团结、互助,协调本村与驻村机关、团体、部队和企业事业单位之间的关系,组织村民预防自然灾害、安全事故,协助人民政府维护社会治安和社会稳定;(12)在多民族村民居住的村,教育和引导各民族村民互相尊重、互相团结、共同发展;(13)履行法律、法规、规章规定的其他职责。

我认为,律师作为村委会的常年法律顾问,可以帮助村委会做以下工作:

(1)做普法宣传和法律宣讲是律师的特长,解读国家政策也是律师的优势所在。律师可以帮助村委会宣传并贯彻法律、法规和国家政策,帮助村委会教育引导村民依法行使权利、履行义务,协助村委会制定村民自治章程和村规民约,协助并指导村委会组织实施村民自治章程和村规民约,帮助维护村民的合法权益。律师一般都办理过大量司法案件,有比较丰富的实践经验,所以采用教育的方式引导村民依法行使权利和履行义务也是律师的强项。律师经常帮助公司起草章程和合伙协议,帮助村民制定并实施村民自治章程和村规民约,因此维护村委会和村民的合法权益,以及帮助审查村民自治章程和村规民约的合法性,自然都是律师的本职工作。

(2)律师的常规业务就是协助公司召开股东会、起草股东会议内容、起草股东会决议等,因此协助村委会召集村民会议、村民代表会议,并帮助村委会书写工作报告,协助村委会起草村民会议、村民代表会议的决定、决议,协助村委会实施村民会议、村民代表会议的决定、决议,也是律师的强项所在。特别是在一些偏远地区,律师的协助显得尤为重要。

(3)部分律师由于成长环境和所从事的业务领域限制,不一定懂村集体经济和社会发展计划、村庄规划等工作,但是协助村委会制定本村经济和社会发展规划、村庄规划、年度计划,协助村委会组织实施本村经济和社会发展规划、村庄规划、年度计划,协助村委会办理本村的公共事务和公益事业,帮助村委会在兴修和维护道路、水利等基础设施等方面起草书面文件、书面合同,或者审阅书面合同,或者对项目进行合法性审查,等等,均是律师的强项所在。此外,律师还可以协助村委会在改善村民生活环境和居住条件项目上进行合法性审查。

(4)律师可以用自身掌握的法律法规专业知识、政策知识来帮助、指导,甚至是支持和协助村委会组织村民依法发展各种形式的经济活动,协助村委会承担本村生产经营的服务和协调工作,帮助村委会审查各项工作和项目的合法性,并进行法律风险把控。这些一般都是村委会、村领导和村民的薄弱项,需要律师的大力支持。实践中,有些村委会引进的一些项目要么不合法,要么根本不具备可实施性,但是村民和村委会领导很多时候难以正确识别。比如,有的村委会协助外来企业流转村民的基本农田种植银杏树,这样的项目不仅涉嫌违法犯罪(涉嫌非法占用农用地犯罪),而且不具备经济收入的可持续性。三五年后银杏树长大了,企业却没有足够的经济收入持续支付村民的土地流转费或租地费用。这个时候,银杏树是企业的,土地是村民的。村民不敢砍掉银杏树,因为树是企业的,砍掉银杏树就可能面临故意毁坏财物犯罪,而且即便砍掉银杏树,农田因种植银杏树,土质已经受到了一定的破坏。村民即便起诉到法院向企业索要土地租赁费用或者流转费用,也会因为企业没有支付能力而得到赢了官司输了钱的败局。对于这样的项目,如果在引进前让律师做一个合法性审查和项目可行性研究,基本就可以否决掉。

(5)用法律专业知识帮助村委会支持集体经济组织依法进行经济活动,依法推进以家庭经营为基础,集体经营、合作经营、企业经营共同发展的农业经营方式,依法支持各类新型农业经营主体和新型职业农民的发展培育,协助村委会依法保障集体经济组织和村民、承包经营户、联户或者合伙的合法财产权和其他合法权益。很多村民没有读过太多的书,缺乏法律常识,很多事情(如买农肥等)都是口头协商,现金支付,导致有些项目失败了要自己承担亏损,成功了,合作方直接毁约,项目落入他人之手。很多项目甚至根本没有依法走村民会议程序,就被个别关系户把好的资源以低价承包弄到手。

(6)指导村委会依法管理本村财务、政府拨款和捐赠资金,协助村委会建立健全民主理财制度,依法依规定期向村民公开财务收支情况。有的村委会领导缺乏基本的财务常识,收到各种款项后,不懂得依法管理,最后钱花光了,没有作出实事来。

(7)指导村委会和村民依法管理本村属于村民集体所有的土地和其他财产,指导村民合理利用自然资源,保护和改善生态环境。给村民讲解国家法律对耕种性质土地的相关规定,教育和指导村民合法用地、合法施肥,指导村民对农业用地的土壤进行化验,根据化验结果来研判可以种植什么农作物,如何对所种植的农作物进行科学施肥,等等。

(8)帮助村委会支持和引导村民保护传统村落和民居等历史文物古迹,传承优秀文化。协助村委会宣讲相关法律法规知识。

(9)依法指导村委会开展有益健康的文体活动,协助村委会依法普及农村实用科学技术知识,促进男女平等,做好卫生工作,倡导移风易俗、尊老爱幼、扶贫济困、助残扶孤、见义勇为,反对封建迷信、邪教活动,树立社会主义新风尚。律师在村民眼中是受过高等教育的知识分子,其应尽力发挥以身作则的示范教育作用。律师可以在村民中针对《老年人权益保障法》《未成年人保护法》《家庭教育促进法》等展开普法宣传活动。可以说,只要用时、用心,就可以为村民和村集体做很多事情。

(10)协助村委会支持服务性、公益性、互助性社会组织依法开展活动,推动农村社区建设。

(11)积极协助村委会和村民调解民间纠纷,促进村民之间、村与村之间团结、互助,协调本村与驻村机关、团体、部队和企业事业单位之间的关系,协助组织村民预防自然灾害、安全事故,协助人民政府维护社会治安和社会稳定。

(12)帮助多民族村民居住的村委会对村民进行教育和引导,与村委会一同教育和引导各民族村民之间互相尊重、互相团结、共同发展。

(13)协助村委会履行法律、法规、规章规定的其他职责。代理村委会处理各种仲裁纠纷、诉讼纠纷、刑事案件辩护等。担任村委会涉及的经济、民事、知识产权、行政等诉讼、非诉、调解、仲裁活动的代理律师或者辩护律师。

3. 中小企业聘请律师作为法律顾问，律师可以帮企业做些什么？

答 律师担任企业法律顾问的服务范围和内容如下：（1）为企业的重大经营决策提供法律和政策依据，为企业的项目做合法性审查，参与企业项目的可行性调查；（2）协助或者直接帮助企业草拟、制订、审查或者修改日常合同、协议等法律文件；（3）为企业的日常业务及管理提供法律咨询；（4）应企业要求，就企业已经面临或者可能发生的各种纠纷，进行法律论证，提出解决方案，出具律师函，发表律师意见，参与非诉讼谈判、协调、调解；（5）应企业要求开展法律专题讲座讲授法律知识，为其职工提供法治宣传、教育、培训等；（6）协助企业建立人事管理制度、企业内部规章制度、合同管理制度，解答企业有关劳动法的问题，并协助或者代理企业处理劳动争议；（7）接受企业委托担任代理人或者辩护人，参加企业涉及的经济、民事、知识产权、劳动、行政、刑事等方面的诉讼、非诉、调解、仲裁活动；（8）完成企业交办的其他法律事务。

《律师法》第二十八条规定："律师可以从事下列业务：（一）接受自然人、法人或者其他组织的委托，担任法律顾问；（二）接受民事案件、行政案件当事人的委托，担任代理人，参加诉讼；（三）接受刑事案件犯罪嫌疑人、被告人的委托或者依法接受法律援助机构的指派，担任辩护人，接受自诉案件自诉人、公诉案件被害人或者其近亲属的委托，担任代理人，参加诉讼；

（四）接受委托，代理各类诉讼案件的申诉；（五）接受委托，参加调解、仲裁活动；（六）接受委托，提供非诉讼法律服务；（七）解答有关法律的询问、代写诉讼文书和有关法律事务的其他文书。"

综上所述，几乎所有企业都需要法律顾问。有些企业每年省去了法律顾问费，但是在一些本可以合法化控制风险领域的花销严重超额。比如，面对欠款纠纷，因为没有书面合同、对账单、违约责任约定、管辖法院约定等基础材料，很多笔小额欠款根本无法清收。如此五六年积累下来，有些小企业就有七八十万元甚至上百万元的欠款（因为不具备合法有效的书面证据材料）无法收回。我接触过一位老板，他送出去上千万元的原材料，购买商欠他八百余万元货款，但其手里没有一份书面合同、对账单，甚至连一份送货单都没有。有些员工较多的企业，长期没有和员工签订书面劳动合同，没有为员工购买社保（很多员工为了短期可以拿到更多的工资收入，坚持不购买社保，但是工作十多年以后又反悔，不承认是自己当时不愿意购买社保的，坚持向企业主张补买社保或者要求社保赔偿）。因为没有购买社保，员工没有工伤保险，当员工发生工伤时，老板仅这一项的赔偿金额就有几百万元，严重者甚至直接导致破产。实际上，购买社保的钱都以工资的形式发给了员工。有的企业投资人经常说等企业业务做成熟了，再请律师做法律顾问，等合伙人之间发生纠纷时才发现企业章程、合伙协议等都是从网上免费下载的，与实际情况根本不相符，且根本没有关于亏损承担方式的约定，也没有退出机制约定等。所以,每一个企业都应该有常年法律顾问,只是小微企业的业务相对较少,每年的法律顾问费稍微少一些;而一些规模相对较大的企业,业务相对较多,每年的法律顾问费也会稍微高一些。

4. 如果个人聘请律师作为法律顾问,律师可以做些什么?

答 律师担任个人的常年法律顾问,可以做的事情和担任企业的常年法律顾问一样重要。几乎每一个自然人都需要法律服务,只是大部分自然人因为事务比较单纯或者事务不多,不需要连续性的法律服务,他们仅是在遇到特定事情的时候才需要一定的法律服务,所以,从经济角度来讲,大部分自然人可以在需要时再找律师。

律师担任个人法律顾问的服务至少包括如下范围和内容:

(1)代为审查其日常具体工作、投资等行为的合法合规性。这个领域非常宽泛,律师可以提供较为重要的合法合规性审查服务。比如,帮助货车司机审查其是否明知是涉嫌犯罪的经营活动却提供运输服务。再比如,买卖行为中,不能购买出售者通过非法方式得来的财物,包括盗窃所得的财物、贪污受贿所得的财物等,否则容易涉嫌违法犯罪(掩饰、隐瞒犯罪所得、犯罪所得收益罪)。代为起草、审查其合伙或者投资协议,比如,告知其在公司上班时,不能在空白文件上签字揽手印,不能脱身提供身份证原件给公司使用,等等。某家汽车销售公司要求某个门店的工作人员均把身份证原件提供给公司使用,同时让员工在空白纸张上签字捺手印。后来,汽车销售公司的老板利用这些材料,向金融公司贷款。该门店店长名下贷款三十万元,到期未还,因为金额较大,所以金融公司向公安机关报案,于是这些员工均以涉嫌合同诈骗犯罪被刑事立案,并被刑事拘留。后因这些员工未收到过金融公司发放的贷款,没有参与过贷款办理,且不知道公司是用自己的身份证和所签空白文件办理的贷款,检察院决定不予批捕,但是他们都在看守所被羁押了三十多天。

(2)帮助或者指导处理一些偶然性的法律问题。比如,发生交通事故后,尤其是在交通事故导致财产损失较大或者导致人员受伤严重甚至死亡的情况下,很多人会不知所措,这时候就需要专业律师的指导,否则容易导致二次加重事故责任的情况发生。再比如,某人在进入居住小区的机动车道上发生交通事故,导致他人(一个三岁小孩)受伤,其立即拨打了120急救电话、110报警电话,以及保险公司的电话。因事故是发生在小区内的机动车道上,救护车到达现场后,驾驶人立即跟着救护车去了医院,途中给其母亲打了电话。其母亲到现场后发现没有人在车的旁边,于是,为了不妨碍小区里的车辆通行,就把车子开到了车库停着。交警到达现场后,因为驾驶人没有保护好事故现场而认定驾驶人全责(实际上受害人在机动车道上玩耍,且又在绿化带的右转车道上玩耍,家长没有尽到看护义务),后保险公司因为驾驶人没有依照《中华人民共和国道路交通安全法》(以下简称《道路交通安全法》)第七十条的规定,即在道路上发生交通事故,车辆驾驶人没有保护现场导致的事故全责,拒绝赔偿。很多驾驶人都没有遇到过交通事故,自然就没有处理交通事故的常识和经验。发生类似的案件,驾驶人如果不知如何应对,就应该第一时间求助律师。其家属在交警到达现场之前或者征得保险公司同意之前是不应该挪动机动车辆位置的。该案中,法院最后采纳了驾驶人一方代理律师的代理意见,驾驶人遵照了《道路交通安全法》第七十条的规定,造成人身伤亡的,车辆驾驶人应当立即抢救受伤人员,并迅速报告执勤的交通警察或者公安机关交通管理部门的规定。驾驶人在发生交通事故后,首先及时照看了受伤的孩子,接着立即拨打了120急救电话、110报警电话和保险公司的电话,在处理事故的过程中并没有任何过错。至于事故现场的挪车事件,是驾驶人的母亲在不知情的情况下,为了车辆不妨碍小区住户的车辆通行而挪动的,并不是驾驶人的过错,最后法院判决由保险公司承担赔偿责任。

(3)代为起草婚前财产约定协议、夫妻财产约定协议、家庭财产约定协议等。随着国家越来越强大和富裕,国民的家庭也变得越来越富裕,个人经济也越来越独立,很多人开始签订婚前财产约定协议、夫妻财产约定协议、家庭财产约定协议等。在律师的专业帮助下起草上述协议,有利于夫妻双方管理好自己的财物,更好地维护自己的合法财产权益。

(4)代理购买或者出售房屋、公司股权等事宜。比如,很多人不熟悉房屋的交易事宜,卖房时,未等到买方办理好按揭就将房屋进行了过户；买房时，支付首付款后，房屋又被房屋所有人再次出售，或者因他人的司法案件房屋被法院查封，等等。再比如，股东身份、公司股权均变更给他人后却收不到转让款，或者购买别人公司的股权并变更为公司股东后才发现该公司负债累累，经营困难。以上种种情况，均需要律师的帮助。以出售房屋为例，在出售房屋时，需要进行买方资信审查、房屋过户前的贷款预审批、按揭放款银行对房屋价格的评估等基本流程，首付款最好进行公证提存，否则一旦把房屋过户给买方，买方无法支付首付款，或无法办理足额的按揭贷款，就会非常麻烦。我曾代理过一起此类案件，卖方把房屋过户给了买方，过户完毕后买方一年都没有办理按揭贷款，也没有能力自筹资金支付房屋的全额款项。为安全起见，卖方向法院起诉主张剩余房款，并把房屋查封了。后来，在开庭前一天银行才发放了按揭贷款。这一年多，卖方的心理压力很大，且为了主张剩余房款投入了大量的时间和精力，打乱了自己的经济计划。此外，还有以买房来行诈骗的案件。买方支付了首付款后（部分房屋所有人急需资金周转，降价急卖房屋，部分人适当多给房屋价款，用高评估价格、低首付的方式购买房屋），卖方把房屋过户到买方名下。之后，买方申请按揭贷款。在按揭贷款获得批准前，贷款申请人又私下撤销贷款申请，并欺骗卖方因为第一家银行按揭贷款办理失败，继续向下一家银行申请贷款，其间把房产证（不动产证）抵押给金融公司办理贷款，拿到贷款后转移部分钱款，剩余部分继续用来作为进行下一次诈骗的资金。某一个餐厅工作人员，手里只有五万元,一年内却利用这样的方法过户了五套大面积房屋在自己名下,而过户的房屋又抵押给了金融公司。之后,卖方向法院起诉主张房款,并向法院申请查封了过户房屋。部分卖方和金融公司发现被骗之后向公安机关报案,公安机关立案后又对房屋进行了查封,如此,就进入了一个比较僵化的局面。

(5)当事人感情破裂时,可以指导当事人合法合理办理离婚事宜。比如,建议双方把孩子抚养问题、财产分配问题、债务承担问题等协商好,直接去民政局办理离婚。这样不仅节省精力,而且相对于对簿公堂对彼此的伤害是最小的。如果无法通过协议离婚,那么可以直接起诉离婚。然而,部分自然人在办理离婚时没有咨询专业人员,在闹离婚时因为感情上受到伤害,处于比较冲动的阶段,就各种问题做了草率的处理,离婚后慢慢冷静下来又开始后悔。

(6)为当事人代书遗嘱,并执行遗嘱。当事人想把自己的财产仅给予自己子女一方或者部分子女时,律师可按照当事人的意愿为当事人代书遗嘱,并执行遗嘱,做好遗产安排。此外,发生纠纷时,可直接代理继承纠纷案件等。比如,当事人自己患癌症急需要钱治疗,于是考虑出售自己父亲留给自己的房子。然而,当办理房屋出售时才知道自己父亲所留的房产为遗产,且自己的父亲没有留遗嘱,需要按照法定继承办理。父亲去世时爷爷、奶奶仍在世,于是,爷爷、奶奶是第一顺位继承人。父亲与母亲离婚后再婚,父亲再婚后的妻子也是第一顺位继承人,自己也是第一顺位继承人。如今,爷爷去世了，而爷爷从父亲这里继承的份额，由爷爷的所有继承人继承。所以，当事人诉到法院后，把所有继承人该分的份额都分了，才获得父亲所留房屋的所有权并成功过户。这就是没有留有遗嘱所付出的代价。该案中，虽然当事人得了癌症需要治疗，经济状况相当差，但是当事人父亲的兄弟姐妹均分取了自己应得的份额。再比如，某当事人的母亲在去世之前留有代书遗嘱（该当事人的父亲先于母亲去世），把自己所有的财产均留给自己的女儿（当事人）。母亲去世后，当事人九十岁的外公、外婆起诉，要求继承他们应得的一千余万元的财产。当事人告知外公、外婆其妈妈留有遗嘱，把所有财产均留给了自己，但是外公、外婆坚持要求按照法定继承分取遗产（外公、外婆有自己的住房，并领取养老金，属于衣食无忧的人群）。最后，因为有遗嘱，外公、外婆败诉，母亲的遗产全部归当事人所有。这就是合法有效的遗嘱的价值。

（7）代为参与各种商业谈判、纠纷谈判、纠纷调解，起草相关法律文书，参加诉讼，等等。比如，代为参与投资谈判、起草投资协议等。

（8）代为或者协助处理法律法规规定的其他事宜。

5. 借车给他人会面临哪些法律风险？

答 从法律规定上讲，只要借车人有合法有效的驾驶证，且没有酒驾、毒驾等违法驾驶的行为，即使借用人在驾驶车辆过程中发生交通事故,出借人一般也不需要承担法律责任。但实际上,出借人要承担的风险更多一些。我们逐一作出分析。

(1)车辆损坏或者损毁后,借车人无力赔偿的风险。《民法典》第二百三十七条规定,造成不动产或者动产毁损的,权利人可以依法请求修理、重做、更换或者恢复原状。《民法典》第二百三十八条规定,侵害物权,造成权利人损害的,权利人可以依法请求损害赔偿,也可以依法请求承担其他民事责任。借车人因操作不当导致汽车损坏或者损毁的,出借人可以要求借车人修理或者更换,比如轮胎被扎坏,可以要求借车人更换新轮胎。但是如果直接导致车辆损毁,且车辆价值比较高的,在借车人经济条件不佳的情况下,可能会出现无力赔偿的情况。所以,借车时一定要识别借车人的基本情况及人品。

(2)借车人在驾驶车辆过程中发生了重大交通事故时,出借人可能会被要求一起赔偿。《民法典》第一千二百零九条规定,因租赁、借用等情形机动车所有人、管理人与使用人不是同一人时,发生交通事故造成损害,属于该机动车一方责任的,由机动车使用人承担赔偿责任;机动车所有人、管理人对损害的发生有过错的,承担相应的赔偿责任。也就是说,驾驶人发生交通事故,对他人造成损害的,驾驶人应当负全部责任,机动车所有人不承担赔偿责任。机动车所有人只有在发生的交通事故中有过错,才承担赔偿责任,无过错的,由车辆保险公司和使用人承担赔偿责任。只要出借人审查了借车人的驾驶证,且借车人不存在酒驾、毒驾等情况,发生交通事故的,出借人就不用承担赔偿责任。但是实际上,很多借车行为是通过语音通话进行的,也就是说,不会出具书面借条。因此,发生事故后,出借人自然就会面临更多无法证明无过错的法律风险。在我办理过的一起案件中,当事人把车借给自己的熟人,然而,发生交通事故后他才知道对方平时都是无证驾驶的。因为没有尽到妥善管理义务,所以当事人要和借车人共同承担事故赔偿责任。该事故造成了受害人重伤,最后赔偿近五十万元,几乎全部由当事人赔偿。还有一种情况是,借车人在借车后发生重大交通事故,车辆保险根本不够赔偿。由于借车人在法庭上坚称是在为车辆所有人做事过程中驾车发生的交通事故,导致部分车辆出借人被判一起承担赔偿责任。我也办理过一起这样的交通事故案件。该案件中,因为不是借车人一方全责,而事故相对方受重伤,且经济状况较差,无钱支付医药费,借车人经济状况也较差,没有钱垫付医药费,车主无奈只得秉承人道主义精神垫付了十几万元医药费。然而,糟糕的是,开庭时借车人说他是职务行为,是在为车主工作。

有的人借到车辆后,又把车辆借给无驾驶证或者醉酒的人驾驶,因为出借人没有要求借车人出具书面借车凭证,借车人又不承认借车事宜,最后车主被判共同承担赔偿责任。再者,如果借车人在驾车过程中发生了交通事故,因为心理压力过大,加之没有处理交通事故的常识和经验,发生交通事故后逃逸,那么车主也可能因为没有出借凭证而最终被判承担赔偿责任。即便车辆所有人没有过错,倘若受害人把车辆所有人作为被告一并起诉,那么车辆所有人就得面临一起诉讼案件。以上种种情况表明,最好不要将自己的车辆借给他人使用。

6. 朋友欠钱不还,且已经过了约定还款时间,如果要起诉,需要提供什么资料?

答 这是常被咨询的问题之一。《最高人民法院关于审理民间借贷案件适用法律若干问题的规定》第二条规定:"出借人向人民法院提起民间借贷诉讼时,应当提供借据、收据、欠条等债权凭证以及其他能够证明借贷法律关系存在的证据。当事人持有的借据、收据、欠条等债权凭证没有载明债权人,持有债权凭证的当事人提起民间借贷诉讼的,人民法院应予受理。被告对原告的债权人资格提出有事实依据的抗辩,人民法院经审查认为原告不具有债权人资格的,裁定驳回起诉。"该规定表明,借据、收据、欠条等债权凭证或者其他能够证明借贷法律关系存在的凭证,可以作为证明民间借贷类型借款合同关系存在的证据。①

按照个人的实践经验,只要有借条、收条、转款凭证(即交付凭证),而且转款凭证标注的转款用途为借款,且借款一事真实存在,起诉至法院一般都会胜诉,即诉讼请求会得到人民

---

① 中国审判理论研究会民事审判理论专业委员会:《民法典合同编条文理解与司法适用》,法律出版社,2020年,第336页。

法院的支持。很多自然人之间的借贷关系仅有借条和转款凭证，且转款凭证上并未标注借款。这种情况起诉至法院，如果对方无法举证该转款为其他用途所转，法院一般都会支持起诉一方的诉讼请求。但是有些人仅有借条，没有转款凭证，而是现金交付。这就得具体情况具体分析了。如果所借金额非常少，比如两三万元，只要借款一方没有太多其他比较合理的反驳理由，法院一般都会支持起诉一方的诉讼请求，因为少量金额现金交付是符合人们的日常生活习惯的。如果是大额现金，比如二十万元以上，相对方不承认收到款项的，起诉一方又无法举证款项交付事实，那么法院一般不会支持起诉一方的诉讼请求。我在刚执业的时候代理过的一起民间借贷案件，就因为无法举证交付的事实，最终败诉了。案件情况是这样的，借款人与我所代理的当事人签订了借款合同，并约定了借款金额为两百万元人民币，且约定借期为两年，还约定了收款人及收款账户。因为借款人与我的当事人在借款的时候关系比较好，签订合同后，借款人给我的当事人打电话说能否直接把款项转到借款人秘书的个人账户去。出于信任，我的当事人同意了，于是直接打给了借款人的秘书。到期未还款时，当事人拿着合同直接委托起诉，我要求当事人提供交付凭证（转款凭证），当事人说因为工作比较忙，先办理立案，转款凭证后期再提供。受案法院的举证期截至开庭当日，然而当事人到开庭前一天才说当时遗忘了，这笔款项是应借款人的要求转给其秘书的。由于无法通知到被告（律师与审判人员一起到被告的住所去找人也没有找到），也联系不到被告当时的秘书,于是走公告送达的程序确认开庭时间。这就属于被告缺席开庭。最后,原告因为无法举证款项交付给借款人的事实,被判败诉。

也许有人会说可以起诉借款人的秘书,这个在理论上是可行的。如果当时转款标注的用途是借款,那么可以直接用转款流水起诉借款人当时的秘书。该秘书出庭时会说出真正的借款人,且需要举证证明其主张。不过,一般情况下,该秘书也应该是无法举证证明的。如果起诉方提交了和借款人签订的借款合同,那么就是自证起诉主体错误,会直接导致败诉。另外一种情况就是,该秘书不出庭或者出庭后无法举证真正的借款人,当事人的诉讼请求得到支持,该秘书败诉。如此,如果该秘书不具有还款能力,当事人就会陷入支付了诉讼费、律师费,打赢了官司,但拿不到钱的局面。此外,起诉一方明显知道该秘书仅是代为收款,根本不是实际借款人,所以必须考虑是否存在虚假诉讼的风险。关于虚假诉讼,《刑法》第三百零七条之一规定,以捏造的事实提起民事诉讼,妨害司法秩序或者严重侵害他人合法权益的,处三年以下有期徒刑、拘役或者管制,并处或者单处罚金;情节严重的,处三年以上七年以下有期徒刑,并处罚金。单位犯前款罪的,对单位判处罚金,并对其直接负责的主管人员和其他直接责任人员,依照前款的规定处罚。有第一款行为,非法占有他人财产或者逃避债务,又构成其他犯罪的,依照处罚较重的规定定罪从重处罚。司法工作人员利用职权,与他人共同实施第三款行为的,从重处罚;同时构成其他犯罪的,依照处罚较重的规定定罪从重处罚。

还有一种情况就是转款的时候根本没有将用途标注为借款。如果按照不当得利的案由来起诉，那么诉讼时效是否已经过了，是需要考虑的一个问题。如果秘书不应诉，缺席开庭，诉讼请求是否会得到法院的支持也是一个必须考虑的问题。

7．借钱给朋友时要如何写借条？有哪些问题需要特别注意？

答 民间借贷中，借条没有固定的模板，不要求一定要采用书面形式，只要意思表达清楚而且不违反法律强制性规定就可以。我国自古就有诚实守信的传统美德，现实生活中，很多邻居、亲友之间借钱，都互不打借条，而且直接现金交付。不过，人们还是习惯于相互讲清楚借钱的用途、金额，以及还款的期限与方式等。这些民间借贷普遍来说借款金额都很小，而且出借人与借款人之间都非常熟悉。很多邻居、亲友之间的借贷行为可以持续七八年，甚至十多年。因为过于熟悉，出借人不会催要，或者口头催要后，只要对方说明情况就可以继续延迟还款，甚至有些借款人直至过世也未偿还，债务由其子女承担。虽然从道德角度来讲，这是一种互帮互助的友善行为，但是其导致的结果并不一定是正面的。现如今互联网发达，各种信息传播速度非常快，加之人们的法治意识有所增强，会用法律武器来维护自己的合法权益，于是，部分民众学会用诉讼时效已过、无书面借条就无法还原借款事实、无法举证借款交付行为、父债子不偿①等法律常识来维护自己的合法权益,这也导致出现很多民间借贷完全无法收回的情况。所以,从法律人角度来讲,有借贷行为,就一定要写书面借条,并在书面借条上签字捺手印,落实清楚借款用途(借款用途需要符合国家经济政策、信贷政策、产业发展政策以及金融政策和相关法律法规的规定。比如现在不得借钱给他人用作购房首付款)、借款数额、还款期限、交付方式(转账交付)、借款人身份证明信息(身份证复印件)等重要问题。

《民法典》第六百六十八条规定:"借款合同应当采用书面形式,但是自然人之间借款另有约定的除外。借款合同的内容一般包括借款种类、币种、用途、数额、利率、期限和还款方式等条款。"

《贷款通则》第三十五条规定:"借款人申请贷款,应当同时提供以下一项或多项资料:(一)借款人(及担保人)的基本情况;(二)自然人必须提供有效身份证明和有关资信状况证明;(三)法人、其他组织必须提供有关财务报告,其中年度报告必须经具有法律效力的有关部门或会计(审计)事务所审计,企(事)业法人还应提供贷款卡(号);(四)抵押物(质物)清单、有处分权人的同意抵押证明或保证人同意保证的有关证

---

① 《民法典》第一千一百六十一条规定,继承人以所得遗产实际价值为限清偿被继承人依法应当缴纳的税款和债务,超过遗产实际价值部分,继承人自愿偿还的不在此限。继承人放弃继承的,对被继承人依法应当缴纳的税款和债务可以不负清偿责任。

明文件;(五)贷款人认为需要提供的其他有关资料。"

　　银行或者专业的金融机构有专业的工作人员负责资料的衔接和审核,他们会按照规定严格要求借款人提供资料,对风险的把控比较好。民间借贷中,大部分出借人对相关法律法规不熟悉,达不到以上要求,但是建议至少要求借款人提供有效的身份证明信息(比如身份证复印件),约定发生纠纷时所产生费用(诉讼费、担保费、保全费等)的承担方式,以及管辖法院和违约责任等基本内容。如此,发生纠纷时主张债权的成本就会低很多,且对借款人有一种威慑作用。若不按时还款,借款人就会面临需要承担更多费用的境况。我认为还要注意的是,落实好借款用途,不得用于干违法犯罪的事情,比如用于购买毒品,购买杀人工具或者犯罪后的逃跑等,否则出借人的借款行为可能会构成违法犯罪的帮助行为或者资助行为。即便出借人不构成犯罪的帮助行为,一旦借款人涉嫌犯罪,所借出去的款项想收回来也就很艰难了。如果拿不到借款人实际用款的资料(比如购车、建房、偿还债务等),那么建议将资金用途表述为资金周转,这样发生纠纷主张债权时就能减少自己举证资金用途的责任。

　　作为自然人之间的借贷行为,我建议如果彼此不是很熟悉,也没有特殊的原因,那么能不借就不借。首先,大多数情况下,找银行借不到钱就说明借款人已经不具备借款的法定资信条件,借出去能还回来的可能性不大。其次,贷款(借款)(《贷款通则》第二条规定,本通则所称贷款,系指经国务院银行业监督管理机构批准的金融机构,以社会公众为服务对象,以还本付息为条件,出借的货币资金。本通则所称贷款业务,系指经国务院银行业监督管理机构批准的金融机构所从事的以还本付息为条件出借货币资金使用权的营业活动)业务本就属于金融机构的业务领域,借贷是它们的专业业务之一,其对资信审查、合同签订、款项发放、款项清收等都有专业人员负责,风控做得非常好。最后,即便是要出借款项,也建议在自己风险可控金额范围内出借。有些人自己没有钱出借,就找身边的亲戚朋友借钱来出借给他人,更有甚者从银行低利息借入后,再高利息借出。这样做不仅会增大自己的经济风险,而且会涉嫌违法犯罪。中国人民银行发布的《贷款通则》明确规定,不得套取贷款用于牟取非法收入。可以认为,凡是以用于借贷牟取非法收入为目的而取得金融机构贷款的,均属于套取金融机构贷款。①《刑法》第一百七十五条规定:"以转贷牟利为目的,套取金融机构信贷资金高利转贷他人,违法所得数额较大的,处三年以下有期徒刑或者拘役,并处违法所得一倍以上五倍以下罚金;数额巨大的,处三年以上七年以下有期徒刑,并处违法所得一倍以上五倍以下罚金。单位犯前款罪的,对单位判处罚金,并对其直接负责的主管人员和其他直接责任人员,处三年以下有期徒刑或者拘役。"所以,如果是套取信用卡上的钱借贷给别人,一旦无法收回,自己又还不上信用卡,就完全有可能涉嫌信用卡诈骗犯罪等。现实生活中,有一部分人从自己亲戚、朋友手里借钱后再转借给别人,之后

---

① 张明楷:《刑法学》(上下册)(第六版),法律出版社,2021年,第991—992页。

因为借出去的钱没法收回,自己又无法归还自己亲戚、朋友的借款,从而让自己及家人付出了惨重的代价。

8. 朋友要向银行贷款,我是否可以做保证人?

答 《民法典》第十三章对保证合同作出了相关规定。《民法典》第六百八十一条规定:"保证合同是为保障债权的实现,保证人和债权人约定,当债务人不履行到期债务或者发生当事人约定的情形时,保证人履行债务或者承担责任的合同。"保证行为就是保障债权的实现。

个人认为,这样的事情是可以做的,但是得在自己能力范围内做,且确定在履行保证义务后,不会影响自己正常工作和生活,否则,建议不要做。虽然《民法典》第七百条规定"保证人承担保证责任后,除当事人另有约定外,有权在其承担保证责任的范围内向债务人追偿,享有债权人对债务人的权利,但是不得损害债权人的利益",但在现实生活中,当债权人无法追偿时,保证人在履行了到期债务后,大多数情况下也根本没有办法再向债务人追偿其已经履行的保证债务。有的保证人在履行保证责任时,拍卖了自己的基本住房,也就是用自己的基本住房去给他人做保证(担保)。这些保证人是否得到过债务人的好处费尚不可知,但是基本住房被拍卖的时候,保证人全家都非常痛苦。曾经有一个保证人,看到刚装修好的房子被法院拍卖,一怒之下,拿着大锤把房屋内的大部分装修砸坏了。其实这些都是超过自己承受能力范围的保证行为带来的苦果。

9. 为追讨货款或其他款项向法院起诉，如果案件败诉，是否会对公司的信誉有影响，是否会影响公司之后的招投标工作？

答 这是很多当事人提过的问题。我认为，当事人所说的信誉应该是指征信。信誉，是指信用和名誉。信用，是指能够履行跟人约定的事情而取得的信任。名誉，是指名声。征信，是指由专业的、独立的第三方机构为个人或者集体采集、记录信用方面的信息，建立信用档案并提供个人信息查询和评估服务的活动。

《征信业务管理办法》第三条规定："本办法所称征信业务，是指对企业和个人的信用信息进行采集、整理、保存、加工，并向信息使用者提供的活动。本办法所称信用信息，是指依法采集，为金融等活动提供服务，用于识别判断企业和个人信用状况的基本信息、借贷信息、其他相关信息，以及基于前述信息形成的分析评价信息。"

现实生活中，如果自己不按期归还信用卡欠款或者商业贷款，拖延至一定的期限，银行就会向中国人民银行提交逾期征信记录。各商业银行系统采集到个人信用或者集体信用信息后，会向中国人民银行征信系统的个人信用或者集体信用数据库上报。《个人信用信息基础数据库管理暂行办法》第六条规定："商业银行应当遵守中国人民银行发布的个人信用数据库标准及其有关要求，准确、完整、及时地向个人信用数据库报送个人信用信息。"《征信业务管理办法》第十四条规定："个人征信机构应当将与其合作，进行个人信用信息采集、整理、加工和分析的信息提供者，向中国人民银行报告。"《商业银行信用卡业务监督管理办法》第八十二条也规定："对确认已出现虚假申请、信用卡套现、测录客户数据资料、泄露账户和交易信息、恶意倒闭等欺诈行为的特约商户，收单银行应当及时采取撤除受理终端、妥善留存交易记录等相关证据并提交公安机关处理、列入黑名单、录入银行卡风险信息系统、与相关银行卡组织共享风险信息等有效的风险控制措施。"

在司法实践中，被执行人不履行法律文书确定的义务的，人民法院会将被执行人列入失信被执行人名单。《民事诉讼法》(2017年修正)第二百五十五条规定："被执行人不履行法律文书确定的义务的，人民法院可以对其采取或者通知有关单位协助采取限制出境，在征信系统记录、通过媒体公布不履行义务信息以及法律规定的其他措施。"《刑事诉讼法》也规定，被判处罚金的罪犯，期满不缴纳的，人民法院应当强制缴纳。《行政诉讼法》规定，公民、法人或者其他组织拒绝履行判决、裁定、调解书的，行政机关或者第三人可以向第一审人民法院申请强制执行，或者由行政机关依法强制执行。

招标文件是将犯罪记录、失信被执行人、重大违法犯罪行为等作为招投标资格的限制条件，而不是将自己起诉追要欠款的司法案件作为招投标资格的限制条件。

所以,向法院起诉主张自己的款项或者主张自己的其他合法权益,即便败诉,也不会影响征信,不会影响参与招投标工作。如果招标公司在投标者并未上失信名单的情况下,将其作为原告的司法案件记录或者作为被告(案件胜诉或者案件败诉后已经履行的)的司法案件记录限制其参与投标,那么是不符合法律要求的。

10. 是否可以代为担任朋友公司的股东或者股东兼法定代表人?

答 虽然有不少人都在这么做,但个人认为这样的事情最好避免,即便是在自己工作的公司也不要做,更不用说自己没有在这家公司工作了。

公司股权的实际出资人叫作被代持人,也叫作隐名股东,隐名股东享受股东之实,而代持股权的人叫作代持股东,也叫作名义股东,名义股东不享受公司的任何实体权利。从理论上讲,所签订的股权代持协议上体现的内容是,代持人不享受股东的实际权利,也不承担股东的任何义务,仅需要配合办理一些公司管理过程中的形式工作,如果因为担任股东而承担义务,那么承担义务后有权向被代持人追偿。然而,现实生活中,当公司无法正常经营时,面对司法案件,即便是代持人被执行,之后找被代持人追偿也基本无果。

享有权利的同时就得承担义务。担任公司的股东,享有该公司的股东权利,就要承担股东义务。帮助别人担任名义股东往往都是不享受权利，而承担风险的（被代持人支付的代持费用是代持人可以获得的报酬）。依照《中华人民共和国公司法》（以下简称《公司法》），股东有出资、不得抽回出资、不得滥用股东权利、不得干涉公司经营等义务。现在很多公司的注册资本都是认缴制，而且很多人根本不看长远、不顾后来的潜在风险，为了所谓的面子把注册资本认缴得很高。比如一个外贸公司认缴注册资本五千万元，股东和法定代表人都是名义股东和名义法定代表人。《公司法》第三条规定："公司是企业法人，有独立的法人财产，享有法人财产权。公司以其全部财产对公司的债务承担责任。有限责任公司的股东以其认缴的出资额为限对公司承担责任；股份有限公司的股东以其认购的股份为限对公司承担责任。"如果在公司经营过程中，发生无力偿还债务的情况，认缴注册资本的股东须以认缴的出资额为限对公司承担偿还责任。此外，很多法官不支持认缴注册资本的股东在认缴出资额限度内承担偿还责任的申请，理由是还未到认缴股东缴纳认缴注册资本的时限。实际上，《最高人民法院关于适用〈中华人民共和国公司法〉若干问题的规定（三）》[以下简称《公司法解释（三）》]第十三条规定："股东未履行或者未全面履行出资义务，公司或者其他股东请求其向公司依法全面履行出资义务的，人民法院应予支持。公司债权人请求未履行或者未全面履行出资义务的股东在未出资本息范围内对公司债务不能清偿的部分承担补充赔偿责任的，人民法院应予支持；未履行或者未全面履行出资义务的股东已经承担上述责任，其他债权人提出相同请求的，人民法院不予支持。股东在公司设立时未履行或者未全面履行出资义务，依照本条第一款或者第二款提起诉讼的原告，请求公司的发起人与被告股东承担连带责任的，人民法院应予支持；公司的发起人承担责任后，可以向被告股东追偿。股东在公司增资时未履行或者未全面履行出资义务，依照本条第一款或者第二款提起诉讼的原告，请求未尽公司法第一百四十八条第一款规定的义务而使出资未缴足的董事、高级管理人员承担相应责任的，人民法院应予支持；董事、高级管理人员承担责任后，可以向被告股东追偿。"既然可以得到人民法院的支持，也就视为可以要求认缴出资股东承担认缴限额内的出资义务。

现实生活中，大多数小公司都没有成熟的管理体系或者仅有书面上的成熟的管理体系，所以日常运营基本上都是股东自主决策。公司成立后，很多公司会用不同形式把注册资本转为私用。而《公司法》第三十五条明确规定："公司成立后，股东不得抽逃出资。"抽逃公司注册资本可能会面临承担行政责任、民事责任，甚至刑事责任的风险。

有的公司经营不善，投资人在没有把债务问题处理清楚，且不走清算程序的情况下就抓紧把公司注销掉，而公司注销之后，股东需要按照所占股权比例对公司债务承担责任。当行政机关无法落实公司债务问题时，就会让公司股东签订承诺书，承诺公司无未清偿的债务，如果有未清偿的债务，就需要股东按照所占公司股权比例对债务承担偿还责任。所以，一部分人会因为帮他人代持股权而在公司被注销后作为被告遭受民事诉讼并承担民事赔偿责任。

作为公司的投资人（股东），就必须履行好投资管理的义务，否则也需要承担相应的责任。《公司法》第二十条规定："公司股东应当遵守法律、行政法规和公司章程，依法行使股东权利，不得滥用股东权利损害公司或者其他股东的利益；不得滥用公司法人独立地位和股东有限责任损害公司债权人的利益。公司股东滥用股东权利给公司或者其他股东造成损失的，应当依法承担赔偿责任。公司股东滥用公司法人独立地位和股东有限责任，逃避债务，严重损害公司债权人利益的，应当对公司债务承担连带责任。"现实生活中，有的人帮他人代持股权，担任公司名义股东，最后公司涉嫌刑事犯罪，其作为名义股东也被判刑事责任。比如，某公司涉嫌非法吸收公众存款犯罪，实际控制人为了体现名义股东身份的真实性，以名义股东个人名义签订了一份或者多份合同，并用名义股东的个人账户过账，最后因为公司该单业务及其他部分业务涉嫌非法吸收公众存款犯罪，实际控制人与名义股东均构成非法吸收公众存款犯罪。类似这样的情况，名义股东基本不可能证明自己没有参与经营。

公司的法定代表人对公司债务也承担着很多责任。《民事诉讼法》（2017年修正）第二百四十一条的规定："被执行人未按执行通知履行法律文书确定的义务，应当报告当前以及收到执行通知之日前一年的财产情况。被执行人拒绝报告或者虚假报告的，人民法院可以根据情节轻重对被执行人或者其法定代理人、有关单位的主要负责人或者直接责任人员予以罚款、拘留。"依照《民事诉讼法》，被执行人为单位的，可以对其法定代表人或者影响债务履行的直接责任人员限制出境。《民事诉讼法》（2017年修正）第一百一十一条规定，诉讼参与人或者其他人有下列行为之一的，人民法院可以根据情节轻重予以罚款、拘留；构成犯罪的，依法追究刑事责任。具体如下：（一）伪造、毁灭重要证据，妨碍人民法院审理案件的；（二）以暴力、威胁、贿买方法阻止证人作证或者指使、贿买、胁迫他人作伪证的；（三）隐藏、转移、变卖、毁损已被查封、扣押的财产，或者已被清点并责令其保管的财产，转移已被冻结的财产的；（四）对司法工作人员、诉讼参加人、证人、翻译人员、鉴定人、勘验人、协助执行的人，进行侮辱、诽谤、诬陷、殴打或者打击报复的；（五）以暴力、威胁或者其他方法阻碍司法工作人员执行职务的；（六）拒不履行人民法院已经发生法律效力的判决、裁定的。人民法院对有前款规定的行为之一的单位，可以对其主要负责人或者直接责任人员予以罚款、拘留；构成犯罪的，依法追究刑事责任。

综上所述，帮助他人代持股权，担任名义股东或者名义法定代表人的，可能会涉嫌以下几方面的法律责任：对认缴出资额对外承担债务责任或者抽逃出资后的民事赔偿责任或者行政责任；公司经营不善注销之后的债务责任；没有尽到股东管理职责而导致的公司债务民事责任、行政责任、刑事责任；等等。

11. 为规避经营风险，找朋友代持公司的股权并担任法定代表人，这样做是否可取？面临的法律风险是什么？

答 现实生活中这种代持情况也不少，但是我认为这种做法不可取。作为法律人，我始终认为诚信和责任担当是人生道路上最重要的品质。找他人代持股权并担任法定代表人的主要原因无非以下几点：有不能担任股东的法律原因，方便逃避已经发生的债务，方便经营恶化后逃避公司债务责任，等等。

找别人担任股东和法定代表人，大多是因为自己是公职人员或者在同类公司担任着职务等，私下利用工作或者职务便利，把资源或者技术等转移到自己作为实际投资人的公司来。类似这样的行为不仅是不忠于自己的职务和职业的体现，而且可能涉嫌违法犯罪。另外，也可能是债务太多，不计划尽力偿还，而是搞资产转移，设立新公司，找人帮自己代持股权和担任名义法定代表人。这就是现实生活中存在的少数情况——一边被法院强制执行，一边生活过得很滋润。此外还有一些人，他们对自己所经营的公司不太有信心，对行业也不算精通，甚至不熟悉，计划着公司经营状况恶化后逃避公司债务责任等。

以上三种情况，我在执业过程中都曾经遇到过。比如，国有企业的管理人员把国有企业的部分业务放到自己实际控制的公司去做，最后涉嫌职务犯罪，代持公司股权和担任法定代表人的人与该公职人员一并被追究了刑事责任。再比如,一起工程欠款纠纷中,被执行人欠当事人四百余万元的工程款。被执行人开着百万级的豪车,住着独栋大别墅,但车落户在某公司的名下,从公司公示情况来看,公司与被执行人毫无关系,同理,大别墅也与被执行人无关。代理律师向法院申请调查令,对相关资产情况进行调查,并拍摄到被执行人在红灯路口开着豪车停车的情况,调查了独栋别墅的过户档案情况,后发现被执行人在案件诉讼期间将别墅过户给其孩子。律师申请法院把案件以拒不执行判决、裁定犯罪移送公安机关立案处理,并把利害关系以短信形式告知了被执行人,后被执行人主动履行了所有付款义务。比如,申请强制执行的部分案件中,被执行人担任控股股东或者最大股东的公司有三家,这些公司都有司法案件纠纷。执行过程中,被执行公司的法定代表人账户上没有一分钱,而且执行几年一分钱都拿不到,但是这几年间,被执行人的项目依然做得风风火火。也就是说,举证不了项目是被执行人在做,做项目的公司是被执行人在实际控制。

请他人代持股权和担任名义法定代表人的风险很明显。除以上说的可能涉嫌违法犯罪需要承担相应的法律责任之外,代持人可能会对被代持人的股权和财产进行转移、抵押,或者代持人债务发生后,被代持的股权、财产被代持人的债权人执行掉。现实中,亲友之间代持房屋,代持人出售代持房屋或者主张是自己的,最后为了代持财产双方对簿公堂的案例也不在少数。公司在经营过程中,在不具备对账的情况下,名义股东或者名义法定代表人与实际控制人发生不可调和的矛盾或者接受相对方一定好处后,直接在对账单、结算单或者工程量确认单等文件上签字,从而导致公司司法案件纠纷败诉的案例也不在少数。

所以,每个自然人都应当诚信而有责任担当,在工作中做自己力所能及的事情,赚自己能力范围内的钱,不给社会的诚信体系建设添乱。

12. 以个人名义帮朋友贷款买车,并收取对方一定的报酬,这种事情可以做吗?

答 我认为不可以做。作为律师,我始终建议每个人在工作和生活中做事尽力而为,投资经营是这样的,买房是这样的,买车也是这样的。希望借名贷款买车的人,要么是征信有问题,不具备贷款的条件,要么是欠外债,不能贷款,且不方便把车子落户在自己名下,方便一定程度地转移财产。此外,还要注意,借名买车合同可能会因违反法律、行政法规的强制性规定而被认定为无效合同。

生活中,有人借名买车,几个月之后就无法继续还款,这时出名人就得自己拿钱还贷款,而车子又在别人手里。来委托律师时,还与律师讲述了其对代他人买车事宜的理论认识。他们认为,代他人买车,自己可以得到一定的好处费,而且借名人自己要支付首付款,贷款期限一般也就三年,不算长。如果借名人不还款,自己可以起诉他们继续还款;如果起诉后仍不继续还款,可以申请拍卖落户在自己名下的车子,其价值总是会高于剩余待还贷款的。对于一些正常过日子的人来说,这样的理论认识并没有什么问题,但是会借名买车的往往是一些不正常过日子的人。

例如,高某代他人买车,购买的是百万级的豪华轿车,所贷款金额高达七十万元。大约一年后,借名人没有继续还款了,银行催款后,高某就设法联系借名人,后来通过多渠道了解才发现,车辆发生了交通事故,而且开到了其他省份,车辆已经报过保险,也已经卖给了其他人。高某是一家职业学校的老师,自己的工资收入无法正常偿还银行贷款,本次帮他人购车,其私下收取了两万元的好处费。这时他就犯难了,不起诉,怕是只有自己顶着偿还剩余五十余万元银行贷款的压力,还款后自己可能一分钱也要不到了,而且车子也不太可能追回。如果起诉,可能打赢了官司,之后执行不到钱,也执行不了车子,还需要支付诉讼费、律师费等费用,相当于赢了官司输了钱。

此外,如果所购买的车子交给没有驾驶证或者有醉酒等情况的人非法驾驶,发生交通事故导致第三人的财产和人身损害,那么车子的登记所有权人可能要和驾驶人一起赔偿,即便不赔偿,相对方在起诉交通事故案件的时候,一样会把车辆登记所有权人一并起诉,这就是代他人买车面临的法律风险。

如果借名人存在财产转移的情况,一旦被认定为拒不执行判决、裁定犯罪,那么代为购买车辆的人可能会因为涉嫌犯罪的帮助行为而被刑事调查或者侦查。即便最后没有被认定为犯罪的帮助行为,被刑事调查或者侦查的过程也是比较痛苦的,付出的代价其实也很大。

《民法典》第一百四十三条规定:"具备下列条件的民事法律行为有效:(一)行为人具有相应的民事行为能力;(二)意思表示真实;(三)不违反法律、行政法规的强制性规定,不违背公序良俗。"借名买车合同可能会因违反法律、行政法规的强制性规定而被认定为无效合同。由于无效合同对合同双方不具有法律效力,合同中约定的权利义务亦不受法律保护。另外,依照《中华人民共和国居民身份证法》(以下简称《居民身份证法》)第十六条,出租、出借、转让居民身份证的由公安机关给予警告,并处二百元以下罚款,有违法所得的,没收违法所得。也就是说,出借自己的身份证给他人买车的行为是违法行为,它扰乱了身份证管理的公共秩序。

综合以上情况,我建议不要借用自己的名义为他人贷款或全款买车。

13. 公司的欠款单位要求该公司开具款项结清证明,并提交合同原件、供货单原件、结算单原件等资料,之后就立即支付所欠货款,这样做是否可以?如果这样做了,对于该公司来说,风险是什么?

答 生活中发生过这样的案例。欠款方以提交材料的原件给公司领导和财务,作为支付欠款的材料依据为由,要求施工方或者供货方把合同原件、结算单原件等所有书面材料的原件都提交给欠款方。部分人应了这些要求,把这些材料原件都交了出去,稍微谨慎一点的人把所有材料复印了一套,粗心大意的人就连复印件也没有留,而且也没有让欠款方开具材料接收收据,最后导致清收欠款的证据材料丢失,欠款完全收不回来。

曾经有人把自己所施工工程的合同、工程量记录单、工程进度记录单、工程验收单、工程结算单原件应欠款方的付款要求交给了欠款方,欠款方收到这些材料后拒绝付款,且拒绝承认收到过这些材料。施工方把所有材料复印了一套保留,并起诉到欠款方所在地法院。开庭时,欠款方代理人要求落实证据材料原件,因无法提交原件,且欠款方不承认收到过所提交的材料,于是,法院以没有证据材料原件为由驳回了施工方的诉讼请求。后施工方又在施工地法院起诉,因是第二次起诉,审判人员要求被告举证所主张工程是其他第三方所施工工程,欠款方无法举证。虽然合同及相关材料均是复印件,但是之前支付工程款项的付款银行流水是原件,于是法院认定涉案工程就是原告方所施工的工程。由于工程量记录单、工程进度记录单、工程验收单、工程结算单均为复印件,欠款方不予认可,最后法院应原告的请求启动了工程造价鉴定,依法支持了原告的诉讼请求。后欠款方以没有合同及相关材料原件为由,上诉到二审,申请了再审,并对一审审判人员进行投诉等,虽然欠款方均以败诉告终,但是施工方为此投入的各种成本是非常高的。

如果把资料原件全部提交给欠款方,且没有留复印件,这样做几乎没有了采用诉讼方式收到欠款的可能性。一些没有实践经验的施工人,借用其他公司的资质承揽工程,把工程做完后,应出借人的要求,把所有的资料均交给了出借人,甚至把资质出借协议原件也交了出去。这样的情况,除非出借方良心发现,自愿支付款项,否则几乎没有办法收回欠款。

还有一些欠款单位要求供货方或者施工方不仅要提交合同等相关材料的原件,而且要一并开具书面的结清证明,之后才付款。面对此种要求,有些公司真的这么做了,尤其是欠款金额不是很大时。这种情况下,只要欠款方说已经以现金支付了,且有结清证明,那么欠款的诉讼请求基本不会得到法院的支持。例如,某民营医院就对其欠款的医药销售公司提出了这样的要求,而该公司也这么做了,最后,起诉到法院,法院认为开具了结清证明,那么可以视为款项已经支付清楚,该公司最后以败诉告终。

类似这样的情况,听起来很不可思议,现实生活中却在实实在在地发生着。依照《民事诉讼法》(2017年修正)第六十四条,"当事人对自己提出的主张,有责任提供证据。当事人及其诉讼代理人因客观原因不能自行收集的证据,或者人民法院认为审理案件需要的证据,人民法院应当调查收集",如果起诉到法院,连最基本的证据材料都没有,很多时候连立案都很难,更不用说进入审理阶段了。如果留有复印件,虽然可以顺利办理立案,但是审理阶段败诉的可能性也非常大。《民事诉讼法》(2017年修正)第七十条规定:"书证应当提交原件。物证应当提交原物。提交原件或者原物确有困难的,可以提交复制品、照片、副本、节录本。提交外文书证,必须附有中文译本。"尤其是在经济比较发达的地区,法院的案件数量非常多,很多法官平均每天需要审理一个案件,不能指望这些法官能像部分案件较少的偏远地区的基层法院的法官那样实地走访、调查案件情况。因此,如果提交不了原件当庭进行核实,败诉的可能性是非常高的。

综上所述,在未收到欠款的情况下,把合同原件、供货单原件、结算单原件等资料都提交给欠款方,并开具款项结清证明是不合理的。如果这样做了,可能会完全收不到欠款。如果拥有合法有效的证据材料,那么可以依法提起诉讼。只要有合法有效的证据,诉求一般都会得到法院的支持。有人认为起诉到法院也需要成本,请律师的话还需要交律师费。就此问题,我只能说两害相权取其轻。

我在处理实务案件时,在结清证明上都会标注:"所欠款项××元,自该款项打入至××账户时,结清证明生效。"也就是说,要所欠款项支付到特定的账户,该账户收到特定款项时,结清证明才生效。

也许有人会说欠款方有可能涉嫌刑事犯罪,但现实是,对于那些程序管理不健全的项目或者公司,想要在这些事情上申请公安机关刑事立案,几乎不太可能。

14. 如果公司不给员工购买社保，那么公司面临的法律风险是什么？

答 《中华人民共和国劳动法》(以下简称《劳动法》)第七十二条规定："社会保险基金按照保险类型确定资金来源，逐步实行社会统筹。用人单位和劳动者必须依法参加社会保险，缴纳社会保险费。"《中华人民共和国社会保险法》(以下简称《社会保险法》)规定，我国境内的用人单位和个人应当依法缴纳社会保险。依照《社会保险法》的规定，基本养老保险、基本医疗保险、工伤保险、失业保险、生育保险均是应当依法缴纳的社会保险。

基本养老保险：《社会保险法》第十条规定，"职工应当参加基本养老保险，由用人单位和职工共同缴纳基本养老保险费"。该法第十二条规定，"用人单位应当按照国家规定的本单位职工工资总额的比例缴纳基本养老保险费，记入基本养老保险统筹基金。职工应当按照国家规定的本人工资的比例缴纳基本养老保险费，记入个人账户"。

基本医疗保险：《社会保险法》第二十三条规定，"职工应当参加职工基本医疗保险，由用人单位和职工按照国家规定共同缴纳基本医疗保险费"。

工伤保险：《社会保险法》第三十三条规定，"职工应当参加工伤保险，由用人单位缴纳工伤保险费，职工不缴纳工伤保险费"。该法第三十五条规定，"用人单位应当按照本单位职工工资总额,根据社会保险经办机构确定的费率缴纳工伤保险费"。

失业保险:《社会保险法》第四十四条规定,"职工应当参加失业保险,由用人单位和职工按照国家规定共同缴纳失业保险费"。

生育保险:《社会保险法》第五十三条规定,"职工应当参加生育保险,由用人单位按照国家规定缴纳生育保险费,职工不缴纳生育保险费"。

依照以上法律的规定,基本养老保险、基本医疗保险、失业保险应当由用人单位和职工共同缴纳。工伤保险和生育保险由用人单位缴纳。

生活中,有些用人单位和职工签订协议约定,公司和职工均不缴纳各项保险,保险费用直接算成工资发给职工,职工也陈述不愿缴纳保险。这样的协议会因违反《劳动法》的强制性规定而属于无效协议。

未缴纳各项社会保险需要承担的法律责任就是用人单位的法律风险。

《社会保险法》第六十三条规定:"用人单位未按时足额缴纳社会保险费的,由社会保险费征收机构责令其限期缴纳或者补足。用人单位逾期仍未缴纳或者补足社会保险费的,社会保险费征收机构可以向银行和其他金融机构查询其存款账户;并可以申请县级以上有关行政部门作出划拨社会保险费的决定,书面通知其开户银行或者其他金融机构划拨社会保险费。用人单位账户余额少于应当缴纳的社会保险费的,社会保险费征收机构可以要求该用人单位提供担保,签订延期缴费协议。用人单位未足额缴纳社会保险费且未提供担保的,社会保险费征收机构可以申请人民法院扣押、查封、拍卖其价值相当于应当缴纳社会保险费的财产,以拍卖所得抵缴社会保险费。"

《社会保险法》第八十六条规定:"用人单位未按时足额缴纳社会保险费的,由社会保险费征收机构责令限期缴纳或者补足,并自欠缴之日起,按日加收万分之五的滞纳金;逾期仍不缴纳的,由有关行政部门处欠缴数额一倍以上三倍以下的罚款。"

公司未给职工缴纳工伤保险,职工发生工伤的,依照《工伤保险条例》第六十二条规定,即"用人单位依照本条例规定应当参加工伤保险而未参加的,由社会保险行政部门责令限期参加,补缴应当缴纳的工伤保险费,并自欠缴之日起,按日加收万分之五的滞纳金;逾期仍不缴纳的,处欠缴数额一倍以上三倍以下的罚款。依照本条例规定应当参加工伤保险而未参加工伤保险的用人单位职工发生工伤的,由该用人单位按照本条例规定的工伤保险待遇项目和标准支付费用。用人单位参加工伤保险并补缴应当缴纳的工伤保险费、滞纳金后,由工伤保险基金和用人单位依照本条例的规定支付新发生的费用",由用人单位按本条例的规定支付费用。这样的案例在生活中有很多,尤其是当职工发生严重伤残或者死亡时,很多小型公司有可能会因赔偿而濒临破产或者破产。

如果公司未给职工缴纳生育保险,女职工产假期间的生育津贴,按照《女职工劳动保护特别规定》第八条规定,即"女职工产假期间的生育津贴,对已经参加生育保险的,按照用人单位上年度职工月平均工资的标准由生育保险基金支付;对未参加生育保险的,按照女职工产假前工资的标准由用人单位支付。女职工生育或者流产的医疗费用,按照生育保险规定的项目和标准,对已经参加生育保险的,由生育保险基金支付;对未参加生育保险的,由用人单位支付"执行。

如果公司未给职工缴纳基本养老保险、基本医疗保险、失业保险,发生相关纠纷时,企业均需要承担企业部分的责任。《最高人民法院关于审理劳动争议案件适用法律若干问题的解释(三)》第一条规定:"劳动者以用人单位未为其办理社会保险手续,且社会保险经办机构不能补办导致其无法享受社会保险待遇为由,要求用人单位赔偿损失而发生争议的,人民法院应予受理。"实际生活中,公司因未给员工缴纳基本养老保险、基本医疗保险、失业保险等而赔偿员工几十万元,甚至几百万元的案例比比皆是。

综上所述,即使公司利润太薄,员工普遍收入都不高,且员工都不愿意购买社保,公司也必须给员工购买基本养老保险、基本医疗保险、工伤保险、失业保险、生育保险。否则,公司会面临各种法律风险,如来自相关行政机关的罚款,以及发生纠纷时的相关赔偿。

公司从一开始就给员工购买各种保险,既有利于培养职工的职业归属感,激发职工的工作激情和责任心,也有利于公司经营、管理和发展,保证公司依法经营。

15. 在收购公司时，需要注意一些什么问题？风险是什么？

答 一般来说，公司要具备一些特殊的资质、执照、许可证或者资源等，才有收购的价值，因此大多数中小微公司均没有收购的价值。我认为，在投资人确定其具有收购价值，并决定收购之后，为保证收购方的交易安全，还要委托律师、会计师、评估师等专业人员对收购公司进行相关调查。

出售方一般需要向收购方提供公司资产情况介绍、经营业务介绍（具体的业务范围）、财务资料（尤其是税务风险，需要重点审查）、债权债务资料（正在履行的合同、尚欠的债务等）、劳动人事资料（尤其是潜在的诉讼纠纷风险，需要重点审查）等，以便收购方进行相关尽职调查。

如果律师仅是代表收购方，只要出售方不要求先签订基本保密协议、收购意向协议等（收购一方可以不需要提前签订这些协议），就可以直接展开初步洽谈，并起草洽谈内容，为后期起草正式合同整理好基础材料。

律师应该尽职协助收购方对被收购公司的资产、债权、债务进行统计和相关调查，并交由评估师进行资产评估。此外，还要进行以下事项：对被收购公司的管理架构进行审查，弄清楚公司设立、变更的有关文件，包括工商登记材料及相关主管机关的批文，详细审查公司章程、规章制度、合伙协议、股东会决议、注册资金情况等；对被收购公司的相关业务合同、租房合同、劳动合同等进行全面审查和评估,评判收购后是否能够顺利履行完毕已经生效但尚未履行完毕的业务合同;明晰房屋租赁合同的期限,租金是否合理,是否有对外担保,等等;弄清楚用工及员工基本情况,哪些员工可以继续聘用,哪些员工不能继续聘用,需要解聘的员工需要支付多少补偿,等等。

很多公司因为没有签订合法有效的劳动合同,没有建立合理合法的内部管理制度,没有给员工依法购买社会保险,积累多年以后,一旦补买,就需要几十万元,甚至几百万元。此外,律师还要通过相关平台查询公司是否涉司法案件等情况(有些公司因为曾涉嫌刑事犯罪,几年内不得参与招投标或者股东涉嫌刑事犯罪,股权转让受限,等等),核实好相关基本信息,作出正确的决定。

综合调查核实之后,如果决定不收购,那么所有的收购工作结束。如果决定收购,那么律师就要帮助收购一方起草尽可能详尽的收购协议。这一点非常重要,有些投资人就因为收购了一家问题公司而直接破产的。比如,某收购人花费八百万元收购了一家工厂,整个收购过程完全没有任何专业人员参与,也没有进行相关尽职调查,甚至连收购合同都是双方简单手写的。收购完毕后,收购人才发现该工厂有八百余万元的债务,这直接导致收购人在接下来五年多的时间里一直忙于应对债务诉讼和各种纠纷。五年后,收购人负债累累,无力继续经营所收购的工厂。

所以,律师建议,签订的合同条款中,需要约定收购款分批支付,原则上两到三年才能付清,甚至适当再延长一些时间。同时,需要根据做相关尽职调查的时间长短来决定股权变更情况,如果是相对较大的公司的收购,做相关尽职调查需要花费的时间会相对长一些,比如两年到三年,这个时间长度也方便收购人发现一些潜在的债务。如果做相关尽职调查所花时间较长,那么应该适当延缓股东及法定代表人的变更工作,即在合同中约定,由出售一方的人员继续担任两年到三年的名义股东和名义法定代表人。收购一方签订收购协议后支付一定的费用,先对收购公司进行手续交接并实际控制,展开经营管理,经营管理一段时间后,再进行股东及法定代表人的变更工作。有的公司在收购时做了尽可能详细的调查核实工作,但是出售一方没有如实提交所欠债务情况,一旦收购完毕,公司的民间借贷纠纷、合同纠纷就陆续爆发,导致收购人得承担相关债务责任。虽然可以依照合同约定依法向出售一方主张赔偿责任,但出售一方早已把资产转移完毕或者把所得款项用于偿还债务等,根本无力承担合同中约定的责任,收购方也根本无法收回自己已经履行的债务款项。

16. 当借款人或其所实际控制的公司明显没有偿还能力时,是否可以起诉?

答 这是很多人关心的问题。面对借款人无力偿还的情况,有很多人为之妥协,也有很多人为自己的妥协后悔。2016年,一名七十多岁的阿姨拿出一张借条,该借条是20世纪90年代初出具的。那时候,她的一个好朋友为了做生意找她借了十万元,之后因为借钱的人经济情况一直没有好转,这名好心的阿姨就没有要求借钱人立即还钱,也没有更新借条。直到2010年左右,借钱人的经济条件好转,而且其子女也陆续成才,这名阿姨才要求借钱人还钱,但这名借钱人以已过诉讼时效为由回绝了,这让阿姨很是伤心。2016年,我到这名阿姨家里去做客,她拿出了借条咨询我是否有办法依法主张她的权利。借条上没有约定还款时间,而且是现金交付。答案很明显,只要债务人提出诉讼时效抗辩理由,那么即便依法主张也只能以败诉告终。因为《民法典》第一百八十八条规定:"向人民法院请求保护民事权利的诉讼时效期间为三年。法律另有规定的,依照其规定。诉讼时效期间自权利人知道或者应当知道权利受到损害以及义务人之日起计算。法律另有规定的,依照其规定。但是,自权利受到损害之日起超过二十年的,人民法院不予保护,有特殊情况的,人民法院可以根据权利人的申请决定延长。"当时,《中华人民共和国民法通则》(以下简称《民法通则》)第一百三十五条规定:"向人民法院请求保护民事权利的诉讼时效期间为二年,法律另有规定的除外。"也就是说,当时的诉讼时效只有两年,而到2016年,该借款行为已经超过二十年了。

我再来举一个相反的案例。戴某欠李某二十万元的民间借贷,后来戴某经济条件恶化,暂时无力偿还。李某委托律师起诉至法院,戴某未到庭参与诉讼,法院通过公告送达,作出了缺席判决,支持了李某的诉讼请求,之后申请强制执行,首次强制执行未执行到任何款项,于是法院终结了案件执行,其间也多次未执行款项。十年后,李某继续要求法院恢复执行,此时本金、利息加迟延履行金已经有近四十万元。这次恢复执行,法院一次性从戴某的个人账户中扣划了三十余万元,执行到位后,戴某主动要求与李某在法院的主持下进行执行和解。

两个案子形成了鲜明对比。第一个案件,阿姨对债务人无可奈何,生气又后悔;第二个案件,主动权一直都在李某手里。只有主动权在自己手里,才有谈判的机会,才有对他人仁慈的价码。

所以,我认为,即便债务人明显没有偿还能力,依然值得起诉,胜诉后,只要在判决生效两年内申请执行,申请法院恢复执行的主动权就一直在自己的手里,债权也一直会得到法律的保护,而且债务人还要加倍支付迟延履行金,这对债务人也算是起到了震慑作用。判决生效后,债权人还可以拖延到快满两年时再申请强制执行,这是对债务人作出的让步之一,甚至也可以对判决书上确定的履行金额作出一些让步。到强制执行阶段,还可以请求法院暂缓一个阶段执行等等。只有将权利握在自己手里,才有让权的基础和条件。

部分人会说自己花了钱,打赢了官司,很多年也没有要回来外债,也就是说自己赢了官司输了钱。现实生活中,确实存在一些这样的案例,所以只能建议自然人、法人或者其他组织在经济活动中提高警惕,在交易前对交易相对方的资信和业务情况做好调查。不过,从社会治理的角度来说,启动司法程序确实是解决社会纠纷的兜底途径。

17. 胜诉判决或者调解书申请强制执行的时效是多久？如果被执行人有转移财产的情况，要如何更好地维护自己的合法权益？

答 这个问题来自两个方面：一是有极少部分的调解书或者判决书上没有写明申请强制执行的时效期限。我就曾经接到过这方面的咨询，咨询人员提起民事诉讼的时候没有聘请律师，结果导致调解书生效后三年多他才想起申请强制执行。咨询人的想法是，借条会过诉讼时效，但判决书和调解书不会过时效，在保证不过执行时效的前提下，再多给债务人一点履行的时间。二是部分人在诉讼胜诉后，不会看判决书或者调解书上的详细内容，也会不咨询律师，或者律师仅代理诉讼阶段，在执行阶段就不再过问，也忘记提醒委托人申请强制执行的时效期限，再或者是债务人败诉后，一直以各种理由和债权人说情，债权人基于对债务人的信任，一时大意，导致超过申请强制执行的时效期限，又或者债务人败诉后，与债权人达成口头协议，分期支付款项，导致超过两年的申请强制执行的时效期限。在这里要特别说明一点，从理论角度讲，只要债务人提出还款方式协商或者债权人提出还款方式协商，时效问题就会发生中断。现实中，如果仅是口头协商的话，就会存在举证不能的情形，最后导致超过申请强制执行的时效期限。

《民事诉讼法》（2017年修正）第二百三十九条规定："申请执行的期间为二年。申请执行时效的中止、中断，适用法律有关诉讼时效中止、中断的规定。前款规定的期间,从法律文书规定履行期间的最后一日起计算;法律文书规定分期履行的,从规定的每次履行期间的最后一日起计算;法律文书未规定履行期间的,从法律文书生效之日起计算。"实际上,超过两年申请强制执行的,部分法院会受理,部分法院不会受理。受理的法院,只要在被强制执行申请人提出已经超过申请执行的时效期限,法院就会依法进行审查,如果确实已经超过申请执行时效期限,法院会裁定不予执行。如果被执行人没有提出异议,法院一般不会主动审查申请是否超过该申请执行时效期限,会依法受理并强制执行。如果从这个角度来理解,那么在两年的申请执行时效期限内,部分法院不予受理强制执行申请的做法就是不合法的。

《最高人民法院关于适用〈中华人民共和国民事诉讼法〉的解释》(2020年修正)第二十条规定,申请执行时效因申请执行、当事人双方达成和解协议、当事人一方提出履行要求或者同意履行义务而中断。从中断时起,申请执行时效期间重新计算。

我的理解是一旦判决书或者调解书生效,债务人申请执行或者双方当事人达成和解协议或者债务人在陆续履行义务,就会产生时效中断。如果是陆续履行义务的情况,应该是每履行一次,时效就中断一次重新起算。但现实是,部分债务人因为是当面交流,而且是现金履行,债权人很可能会因为无法举证时效的中断而导致超过时效。

针对申请执行的期限问题,律师的建议是尽量在判决书或者调解书生效后两年内向法院申请执行,否则很多地方法院的法官就会因为超过时效而不予立案,这样就会很被动(现实生活中,少部分立案法官依然在立案时做基本审查,甚至是审理的工作)。至于债务人履行债务的宽限问题,执行立案后,双方可以到法院去签订和解协议作出宽限约定或者申请执行人单方面向执行法官提交书面情况,请求执行法官宽限执行,执行法官一般都会同意。

被执行人有转移财产的情况时,要如何更好地维护自己的合法权益? 如果发现或者怀疑被执行人有转移财产的情况,可以向执行法院申请调查令或者直接请求法院依法调查。有了调查令,不仅可以调查被执行人不动产或者房产的登记信息,而且可以调查其在案件胜诉后从其名下出售或者转让出去的不动产或者房产登记的档案信息。至于车辆、股权、银行账户,法院都可以依法进行调查。如果发现确实有转移财产的情况,可以依照相关法律法规继续主张自己的合法权益。如果转移到债务人的父母、子女或者配偶一方的名下或者无偿、低价转让给其他人,可以请求法院依法继续执行被转移的财产,还可以申请法院以拒不执行判决、裁定犯罪移送公安机关处理,或者自己直接到公安机关申请刑事立案。

18. 办理离婚时,委托律师是否可以保证快速并且一次成功?

答 不可以。离婚需要双方自愿才可以办理登记,或者是达到法定条件,才可以依法判决离婚。

首先,律师不得对所代理的案件做结果承诺。律师仅是提供专业法律服务的执业人员,手里没有裁判权,无法保证结果,即便是手里有裁判权的审判人员,也得达到法定的离婚条件,才能依法判决离婚。如果手里有裁判权的审判人员公权私用,办理人情案、关系案,那么轻则违纪违法,重则涉嫌犯罪,可能构成枉法裁判罪。

其次,办理离婚有两种渠道:一是到一方户口所在地的民政局申请登记离婚;二是到被告户口所在地/居住地或者原告户口所在地/居住地的基层法院诉讼离婚。《民法典》第一千零七十七条规定:"自婚姻登记机关收到离婚登记申请之日起三十日内,任何一方不愿意离婚的,可以向婚姻登记机关撤回离婚登记申请。前款规定期限届满后三十日内,双方应当亲自到婚姻登记机关申请发给离婚证;未申请的,视为撤回离婚登记申请。"也就是说,只要有一方不愿意,即使向民政局申请登记离婚,也无法实现申请登记离婚的愿望。这样的话,就得向法院诉讼离婚了。

再次,向法院诉讼离婚需要对方同意离婚或者达到判决离婚的法定条件。如果对方不同意离婚,且没有达到法定的离婚条件,法院就不会判决离婚。《民法典》第一千零七十九条规定:"夫妻一方要求离婚的,可以由有关组织进行调解或者直接向人民法院提起离婚诉讼。人民法院审理离婚案件,应当进行调解;如果感情确已破裂,调解无效的,应当准予离婚。有下列情形之一,调解无效的,应当准予离婚:(一)重婚或者与他人同居;(二)实施家庭暴力或者虐待、遗弃家庭成员;(三)有赌博、吸毒等恶习屡教不改;(四)因感情不和分居满二年;(五)其他导致夫妻感情破裂的情形。一方被宣告失踪,另一方提起离婚诉讼的,应当准予离婚。经人民法院判决不准离婚后,双方又分居满一年,一方再次提起离婚诉讼的,应当准予离婚。"然而现实生活中,如果一方不愿意离婚,因感情不和分居满二年的情况几乎为空条款,因为主张离婚的一方几乎无法举证感情不和且分居满两年。这也是让很多当事人困惑的地方,大多数人即便分居已经超过两年了,但在法庭上依然得不到认可。

最后,依照《民法典》第一千零七十九条的规定,一方被宣告失踪,另一方提起离婚诉讼的,应当准予离婚;经人民法院判决不准离婚后,双方又分居满一年,一方再次提起离婚诉讼的,应当准予离婚。司法实践中,自第一次判决驳回离婚起诉后,满一年再次起诉离婚的,法院均会支持离婚诉求。

我遇到过这种情况,夫妻一方不愿意离婚,把结婚证藏起来,希望通过阻止对方拿到婚姻关系证明而达到无法主张离婚诉讼请求的目的。这种情况下,就需要到双方办理婚姻登记的民政局去调取婚姻关系证明。此外,如果一方涉嫌刑事犯罪,且被羁押在看守所或者在监狱服刑,对被监禁的人提起离婚诉讼时,可依照《民事诉讼法》(2017年修正)第二十二条,即由原告住所地人民法院管辖;原告住所地与经常居住地不一致的,由原告经常居住地人民法院管辖。具体如下:(一)对不在中华人民共和国领域内居住的人提起的有关身份关系的诉讼;(二)对下落不明或者宣告失踪的人提起的有关身份关系的诉讼;(三)对被采取强制性教育措施的人提起的诉讼;(四)对被监禁的人提起的诉讼。也就是说,向原告经常居住地或者住所地人民法院起诉离婚。

19. 要如何保证婚前个人财产以及父母留下的财产仍然是个人财产,而不会变成夫妻共有财产?

答 这是两个问题:一个是婚前个人财产如何不变成夫妻共有财产;另一个是如何保证一方父母在子女婚姻期间赠与的或者留下的遗产,仅为个人财产,不变为夫妻共有财产。

如今,人们生活越来越富裕,婚姻自由受到法律较好的保护,越来越多的人会出现这样的问题。不过,从我们国家的家庭传统文化来讲,夫妻双方签订婚姻期间财产约定协议,或者一方父母当着子女两夫妻直接说自己的财产仅给子女一方是比较伤感情的事情,所以大多数人都不愿当面直接交流这样的事情,但这又是现实生活中不可回避的事情。

《民法典》第一千零六十三条的规定:"下列财产为夫妻一方的个人财产:(一)一方的婚前财产;(二)一方因受到人身损害获得的赔偿或者补偿;(三)遗嘱或者赠与合同中确定只归一方的财产;(四)一方专用的生活用品;(五)其他应当归一方的财产。"《最高人民法院关于适用〈中华人民共和国民法典〉婚姻家庭编的解释(一)》第二十六条规定:"夫妻一方个人财产在婚后产生的收益,除孳息和自然增值外,应认定为夫妻共同财产。"现实生活中比较容易出现的问题是把婚前的个人财产出售之后,和部分婚姻关系存续期间的共有财产混同起来再一次做投资,比如购房、投资生意等,这种情况往往无法举证个人财产部分,最后只能被视为夫妻共有财产。如果有这样的情况,我建议最好是根据具体情况咨询相关法律专业人士,或者在结婚前后签订夫妻婚姻期间财产约定协议。《民法典》第一千零六十五条规定:"男女双方可以约定婚姻关系存续期间所得的财产以及婚前财产归各自所有、共同所有或者部分各自所有、部分共同所有。约定应当采用书面形式。没有约定或者约定不明确的,适用本法第一千零六十二条、第一千零六十三条的规定。夫妻对婚姻关系存续期间所得的财产以及婚前财产的约定,对双方具有法律约束力。夫妻对婚姻关系存续期间所得的财产约定归各自所有,夫或者妻一方对外所负的债务,相对人知道该约定的,以夫或者妻一方的个人财产清偿。"不过,部分没有做公证的约定协议,发生纠纷时,其真实性会遭到质疑,诉讼时,就会需要走笔迹或者指纹鉴定程序。签订了婚姻期间财产约定协议,个人财产变现后的再一次投资或者个人财产生产、经营、投资的收益就可以约定为夫妻一方所有的个人财产。

　　至于一方父母赠与或者从一方父母处继承所得的财产,依照《民法典》第一千零六十二条规定,即"夫妻在婚姻关系存续期间所得的下列财产,为夫妻的共同财产,归夫妻共同所有:(一)工资、奖金、劳务报酬;(二)生产、经营、投资的收益;(三)知识产权的收益;(四)继承或者受赠的财产,但是本法第一千零六十三条第三项规定的除外;(五)其他应当归共同所有的财产。夫妻对共同财产,有平等的处理权"处理。也就是说,父母只愿意把财产赠与自己子女一方的,就必须在赠与合同中明确,否则,这笔财物就可能会被视为对夫妻双方的赠与。《最高人民法院关于适用〈中华人民共和国民法典〉婚姻家庭编的解释(一)》第二十九条规定:"当事人结婚前,父母为双方购置房屋出资的,该出资应当认定为对自己子女个人的赠与,但父母明确表示赠与双方的除外。"也就是说,必须明确约定是赠与自己子女一方的财产,如果没有约定或者约定不明确,则视为赠与夫妻双方的共同财产。有很多人咨询我,这个赠与财产约定是否需要子女夫妻双方签字?个人认为,如果父母仅对自己子女一方进行赠与,那么赠与合同仅需要父母与自己的子女一方签字,不需要子女夫妻双方签字。但如果确实担心事后夫妻另一方质疑赠与合同的真实性问题,那么建议对赠与合同进行公证。

最后是从一方父母处继承所得的财产问题,依照《民法典》第一千零六十二条和一千零六十三条,父母必须在合法有效的遗嘱中确定仅归自己子女一方所有,继承后才属于子女一方的个人财产,否则,依然是子女两夫妻共有财产。如果没有留有合法有效的遗嘱确定遗产仅留给自己子女一方所有,那么,只要在子女婚姻期间,即使一方的父母过世,在父母过世后办理离婚,另外一方一样可以主张分割继承所得份额的一半。《最高人民法院关于适用〈中华人民共和国民法典〉婚姻家庭编的解释(一)》第八十一条规定:"婚姻关系存续期间,夫妻一方作为继承人依法可以继承的遗产,在继承人之间尚未实际分割,起诉离婚时另一方请求分割的,人民法院应当告知当事人在继承人之间实际分割遗产后另行起诉。"所以,为了更好地保护自己及子女一方的合法财产权益,依然建议自然人学会给自己立遗嘱。

20. 涉外案件,当事人无法回国,要如何办理授权委托书?

答 我代理过一起此类案件,当时授权委托书是先经过委托人所在国的公证机构公证授权委托书,之后经过外交及贸易部驻该国办事处认证,再经过中华人民共和国驻该国使领馆认证,最后邮寄回中国的。代理人拿到经过公证和认证的授权委托书后,再委托中国的翻译机构或者翻译公司对经过公证和认证的授权委托书进行翻译,这样就完成了授权委托的办理手续。

《民事诉讼法》(2017年修正)第二百六十四条规定,在中华人民共和国领域内没有住所的外国人、无国籍人、外国企业和组织委托中华人民共和国律师或者其他人代理诉讼,从中华人民共和国领域外寄交或者托交的授权委托书,应当经所在国公证机关证明,并经中华人民共和国驻该国使领馆认证,或者履行中华人民共和国与该所在国订立的有关条约中规定的证明手续后,才具有效力。也就是说,办理涉及不同国家的涉外案件,可能会有不同的要求,具体还得以中华人民共和国与委托人所在国订立的有关条约规定为准。

《中华人民共和国国籍法》第三条规定,中华人民共和国不承认中国公民具有双重国籍。现实生活中,有的中国公民到国外学习或者发展一段时间后,就加入了其他国家的国籍,但是中国的户口和身份证原件没有注销,社保也没有停缴。当他们在中国有诉讼纠纷或者其他民商事宜需要代理时,有的代理人因为不懂涉外案件委托手续的办理程序或者嫌麻烦,直接让委托人提交实际上已经失效的中华人民共和国居民身份证作为身份证明,并直接让当事人手签授权委托书邮寄回国。这样的做法对于代理人来说存在较大的法律风险。《民法典》第一百七十一条规定:"行为人没有代理权、超越代理权或者代理权终止后,仍然实施代理行为,未经被代理人追认的,对被代理人不发生效力。相对人可以催告被代理人自收到通知之日起三十日内予以追认。被代理人未作表示的,视为拒绝追认。行为人实施的行为被追认前,善意相对人有撤销的权利。撤销应当以通知的方式作出。行为人实施的行为未被追认的,善意相对人有权请求行为人履行债务或者就其受到的损害请求行为人赔偿。但是,赔偿的范围不得超过被代理人追认时相对人所能获得的利益。相对人知道或者应当知道行为人无权代理的,相对人和行为人按照各自的过错承担责任。"一旦被代理人不补办合法有效的授权委托书,依照《民事诉讼法》(2017年修正)第一百七十条,即"第二审人民法院对上诉案件,经过审理,按照下列情形,分别处理:(一)原判决、裁定认定事实清楚,适用法律正确的,以判决、裁定方式驳回上诉，维持原判决、裁定；（二）原判决、裁定认定事实错误或者适用法律错误的，以判决、裁定方式依法改判、撤销或者变更；（三）原判决认定基本事实不清的，裁定撤销原判决，发回原审人民法院重审，或者查清事实后改判；（四）原判决遗漏当事人或者违法缺席判决等严重违反法定程序的，裁定撤销原判决，发回原审人民法院重审。原审人民法院对发回重审的案件作出判决后，当事人提起上诉的，第二审人民法院不得再次发回重审"处理。真要发回重审还好一些，倘若不发回重审，也没有其他途径启动纠错程序，一旦判决生效，如果善意相对人请求代理人履行债务或者就其受到的损失要求代理人赔偿的话，代理人就有可能面对赔偿风险。其他非诉讼代理行为，也存在同样的法律风险。

尤其是一些在国外长期居住，还没有注销中国国籍的代理人，他们在国内找到委托人当面签订了授权委托书，事后以授权委托事宜程序不合法主张委托无效，我认为这种情况代理人和委托人均有过错。面对这样的情况，我建议依照《最高人民法院关于适用〈中华人民共和国民事诉讼法〉的解释》的规定（第五百二十三条规定"外国人、外国企业或者组织的代表人在人民法院法官的见证下签署授权委托书，委托代理人进行民事诉讼的，人民法院应予认可"。第五百二十四条规定"外国人、外国企业或者组织的代表人在中华人民共和国境内签署授权委托书，委托代理人进行民事诉讼，经中华人民共和国公证机构公证的，人民法院应予认可"），让委托人和代理人一并到中国境内的公证机构去签署公证授权委托书或者让委

托人和代理人一并到法院,找到承办法官,在法官的见证下签
署授权委托书。

21. 怎样才能保证自己的遗嘱得到完整执行？

答 我认为留有合法有效的遗嘱,并在自己离世后将遗嘱
呈现给继承人,一般来说都可以得到完整执行。《民法典》规
定,自然人可以依法立遗嘱处分个人财产,并可以指定遗嘱执
行人。

在我们的现实生活中,立遗嘱是一件非常晦气的事情,大
家都很忌讳。以我自己为例,我把自己写好的遗嘱交给父母
的时候,他们觉得非常忌讳,避之不谈。他们认为谈这样晦气
的事情会给自己的家人带来坏运气。有一句话说得好:"幸福
和意外,你永远不知道谁先到来。"这其实没有任何悲观情绪
在里面,只是单纯陈述现实。如今,我们公民的个人及家庭物
质财富越来越多,尤其是中老年人,一般情况下他们都有一定
的财富积累,也会面临抚养孩子、赡养老人的义务。当意外发
生时,留有合法有效的遗嘱有利于自己责任的担当,也有利于
家人的团结。金钱对家人团结的影响是非常大的,现实生活
中,为了遗产,兄弟姐妹对簿公堂、公婆婿媳反目成仇的案例
并不少见。

那么,什么是合法有效的遗嘱呢？依照《民法典》的规定,
遗嘱共有六种形式:自书遗嘱、代书遗嘱、打印遗嘱、录音遗

嘱、口头遗嘱和公证遗嘱。只要符合相应的法律规定,就属于合法有效的遗嘱。

《民法典》第一千一百三十四条规定:"自书遗嘱由遗嘱人亲笔书写,签名,注明年、月、日。"司法实践中,有很多自书遗嘱因为内容、格式、表达方式不够规范、明确,而被判决部分无效或者完全无效。比如:遗嘱不是由立遗嘱人本人书写,而是由他人代写或者打印的;遗嘱内容用语不准确,遗嘱书写字迹潦草,难以识别;遗嘱内容处理了非本人的财产;遗嘱内容涂改过多,逻辑混乱;立遗嘱人没有签名;遗嘱未注明书写的具体年、月、日;等等。另外,建议受教育程度较低的人不要写自书遗嘱,因为他们的识字量和语言表达能力都不具备书写自书遗嘱的能力。我的一个顾问单位的老板,是20世纪70年代初出生的人,一次体检发现身体出了一点小毛病,就用笔记本写了将近万字的(内心感受倾诉型)遗嘱交给我管理,并希望我作为他的遗嘱执行人。他所写的遗嘱没有标题,没有列明财产项目,没有写明他的详细身份情况,更没有注明签名、日期。遗嘱写成这样,和没有留遗嘱没有什么区别。

《民法典》第一千一百三十五条规定:"代书遗嘱应当有两个以上见证人在场见证,由其中一人代书,并由遗嘱人、代书人和其他见证人签名,注明年、月、日。"我认为代书遗嘱可以是手写的,也可以是打印的,这个法律并没有明确规定,但是必须清楚写明遗嘱人的身份、财产情况、遗产留给哪些继承人、如何分配,且遗嘱人必须签名、写明日期,最好再写明身份证号码。代书人可以同时担任见证人,代书人、见证人不得与继承人有利害关系。代书遗嘱时必须有两个以上见证人在场见证，写明年、月、日，并由代书人、其他见证人和遗嘱人签名，代书人和见证人都得写明日期，见证必须是当场见证，且签字的日期必须一致（实践中有的见证人在代书遗嘱写好后，事后补充见证，最后导致遗嘱无效）。律师建议，遗嘱人和见证人应当在每一页遗嘱上都签字，在代书遗嘱尾部必须写明见证人的身份证号码，否则，一旦发生继承，部分继承人不承认没有签字页的遗嘱内容或者不认识代书人，或对代书人的身份证提出异议，根本就无法落实或者找到代书人，那就可能导致代书遗嘱部分无效或者完全无效。关于代书人，《民法典》第一千一百四十条规定："下列人员不能作为遗嘱见证人：（一）无民事行为能力人、限制民事行为能力人以及其他不具有见证能力的人；（二）继承人、受遗赠人；（三）与继承人、受遗赠人有利害关系的人。"

此外，《民法典》第一千一百三十六条规定，打印遗嘱应当有两个以上见证人在场见证。遗嘱人和见证人应当在遗嘱每一页签名，注明年、月、日。我认为这里的打印工作应当是遗嘱人自己打印，如果由其他人代为打印，那么就是代书遗嘱。同样，两个见证人不得与继承人有利害关系，而且遗嘱人需要写明自己的身份情况，每一页遗嘱上都应该签字，打印遗嘱尾部必须写明遗嘱人和见证人的姓名、身份证号码和日期，日期需要各自分别写明。

《民法典》第一千一百三十七条规定："以录音录像形式立的遗嘱，应当有两个以上见证人在场见证。遗嘱人和见证人应当在录音录像中记录其姓名或者肖像,以及年、月、日。"要特别注意的是录音录像遗嘱的形式要件,如果遗嘱人和见证人没有在录音录像中记录姓名或者肖像,并说明年、月、日,该遗嘱就不符合录音录像遗嘱的形式要件,可能会被认定为无效遗嘱。见证人也得是两个,而且与继承人没有利害关系。我也建议写清楚身份证号码,方便纠纷发生时落实见证人的身份情况。日期必须完整表述为年、月、日,缺一不可。

《民法典》第一千一百三十八条规定:"遗嘱人在危急情况下,可以立口头遗嘱。口头遗嘱应当有两个以上见证人在场见证。危急情况消除后,遗嘱人能够以书面或者录音录像形式立遗嘱的,所立的口头遗嘱无效。"口头遗嘱相对于其他几种形式的遗嘱是特殊形。危急情况消除后,如果遗嘱人能够以书面或者录音录像形式或者其他形式立遗嘱却没有继续去订立其他形式的遗嘱,我认为,在短期内,如果遗嘱人突然离世,其所立口头遗嘱依然是有效的。如果超出一定的合理期限仍未订立其他形式的遗嘱,那么该口头遗嘱应当为无效遗嘱,但法律并未对这个合理期限作出明确规定。

《民法典》第一千一百三十九条规定"公证遗嘱由遗嘱人经公证机构办理"。公证遗嘱因是遗嘱人向公证机构提出申请并亲自到现场办理的,其由专业公证人员进行审查,甚至是帮助起草遗嘱内容,在此不再赘述。

生活中,遗嘱人留下了合法有效的遗嘱,但是立好遗嘱后一段时间,因为搬家、打扫卫生、重新整理物品等情况遗失遗嘱,又或者遗嘱人过世后,家属不知道有遗嘱的存在,最后导致遗嘱丢失、毁损或者一直处于被收藏状态,这样的话,即便有合法有效的遗嘱,也不会得到完整执行。为了防止这样的情况出现,最好设立一式多份遗嘱,可以让不同的继承人或者同时交给不同的继承人及继承人之外的遗嘱执行人持有。《民法典》第一千一百三十三条规定:"自然人可以依照本法规定立遗嘱处分个人财产,并可以指定遗嘱执行人。自然人可以立遗嘱将个人财产指定由法定继承人中的一人或者数人继承。自然人可以立遗嘱将个人财产赠与国家、集体或者法定继承人以外的组织、个人。自然人可以依法设立遗嘱信托。"这个遗嘱执行人可以是法定继承人中的一个或者数个,也可以是其他人。如果指定其他人就相当于遗嘱执行信托。如果要选择继承人以外的人,那么建议考虑选择法律专业人士,这样办理继承事宜会更专业一些。

22. 公司的经营人是否可以在债权人起诉之前就把自己及公司名下的财产转移掉,同时拿着自己转移掉的财产找其他人代持股权继续投资做生意?

答 确实有这样的情况。也就是说,部分被执行人在自己被进入执行之前就已经把自己名下和公司名下的一部分或者全部财产转移完毕。那就会产生资产代持的问题,比如房屋代持、借用别人的银行账户存钱、公司股权找人代持等情况。第一,大多数情况下,帮助房屋代持的人、出借银行账户的人、代持公司股权的人都会需要一些好处费,否则不会帮忙。这是一笔开销,且是很多人都看不到的开销。此外,代持人协助办理各种事务的时候也会增加开销。第二,也是最重要的一点,别人帮忙代持各种资产,不仅处理起来不方便,而且风险也较大。比如房屋代持人把房产证挂失后补办新证,之后直接把房屋出售了,然后把钱财挥霍一空,或者抵押掉。再比如,股权代持人(名义股东)把登记在自己名下的股权转让、质押或者以其他方式处分了。依照《中华人民共和国物权法》(以下简称《物权法》)第一百零六条的规定,受让人属于善于取得。《公司法》第三十二条第三款规定,有限公司股东姓名或名称未在公司登记机关登记的,不得对抗第三人。也就是说,第三人凭借对不动产登记公示信息和公司股权登记公示信息的信赖,一般可以合理地相信登记的产权人是真实产权人或者登记的股东(名义股东)是真实股东,从而进行不动产的买卖或者名义股东对股权的处分,不动产的实际所有人或者股权的实际出资人不能主张处分无效。第三,随着社会诚信体系制度越来越健全,失信人员在社会生活中受到的限制越来越多,他们私下过的日子也很不容易。第四,一旦成为被执行人或者法院查询到有财产转移的情况,不仅会被继续执行,而且还会面临被司法拘留的情况,甚至涉嫌刑事犯罪(比如涉嫌拒不执行判决、裁定犯罪)。

我建议,生活中要是出现类似的情况,只要条件允许,能够通过诉讼争取自己的合法权益的,还是要提起诉讼。胜诉后,还要坚持申请强制执行。很多时候,对这些失信人员过多的妥协往往是对他们的失信甚至违法犯罪行为的一种放纵,容易导致更多不诚信行为的产生。

申请强制执行后,法院会通过网络对被执行人的财产进行查询和封控,对被执行人的银行账户、微信、支付宝等账户进行冻结。如果觉得法院这样的网上查控不够可靠,还可以向法院申请调查令,对被执行人的相关财产进行查询,比如对其名下的房屋档案信息、房屋登记信息、银行流水、银行账户余额、车辆档案信息、车辆登记信息、股票信息、养老保险信息等财产信息及财产档案信息进行查询。查询财产档案信息是为了落实被执行人是否有转移财产的行为,一旦发现有转移财产的行为,可以追究其拒不执行判决、裁定罪。现实生活中,有的被执行人一直逃避执行案件,逃避十多年,待自己到了退休年龄,开始领取养老金的时候,法院恢复执行就直接把养老金账户冻结,之后开始执行养老金。

结语　做一个幸福的律师

　　随着国家全面推进中国特色社会主义法治体系的建设，律师队伍也享受到了中国特色社会主义法治建设的时代红利，获得了空前的发展机会，同时，律师队伍也在全面建设社会主义现代化国家的过程中发挥了应有的作用。党和国家很重视加强对律师队伍的政治引领，教育引导广大律师把自觉遵守拥护中国共产党领导、拥护我国社会主义法治等作为从业基本要求，把努力做党和人民满意的好律师作为职业目标。党和国家给予了律师队伍明确的从业基本要求和职业目标，律师队伍有了党和国家的政治引领，有了党和国家的教育引导，对职业方向不再迷茫，更有了职业信仰和职业自信，自然也就有了职业归属感。所以，律师是有党和国家进行政治引领、教育引导的幸福职业。

　　著名法学家江平讲过："律师兴则国家兴。"①著名大律师田文昌讲过："律师制度与法治社会是不可分割的统一整体。没有律师就没有法治。"②这也说明了律师的职业使命就是捍

---

① 田文昌：《田文昌谈律师》，法律出版社，2017年，第2页。
② 田文昌：《田文昌谈律师》，法律出版社，2017年，第2页。

卫法律正确实施、捍卫社会公平和正义、捍卫委托人的合法权益。律师要做个案公平正义的维护者,要做正义的代言人,要做司法改革的推动者,要做法治建设的螺丝钉,为党、国家和人民站好法律服务岗,努力成为法治建设的被需求者。律师因为有明确的社会价值和专业价值而有职业归属感,因为有职业归属感而有幸福感。

　　律师是一个充满挑战的职业,是一个需要广泛知识和实战积累的职业。法律人自从准备司法考试开始就充满挑战。因为很多人在司法考试阶段就被淘汰了,只要熬过"法考",都算半个"英雄"。通过考试,进入实习阶段就要面对更大的压力,需要学习写各种法律文书,需要向指导律师学习会见,开庭,起草各种法律文书,审阅各种法律文书,检索案例,等等。一开始,几乎一无所知,短短一年的实习期里需要学习的内容很多。一旦取得律师执业证,律师的压力就更大了,因为要面临各种竞争,要绞尽脑汁开拓业务,有了业务还要想办法把业务做好。比如,去看守所办理会见时,不同地区的看守所会有不同的要求;会见时,不同的当事人还会提出各种预想不到的问题,如果在解答问题的过程中说错话还会涉嫌违规违法执业;在民事案件中,不同的法院从立案阶段开始就会有差异,律师要注意不同的法官对同样的问题会有不同的观点;等等。这一系列的问题都注定了一个律师需要有强大的内心和扎实的法律功底。在这样的成长环境中成长起来的律师,一般都具有较强的学习能力、抗压能力和适应能力等。我相信,只要具备这些能力,就可以面对生活中的大部分问题。

每一个法律人的职业之路都注定不会太平坦,我们每一个法律人,尤其是律师,要努力走过不平坦之路,之后才能走向幸福。我非喜欢周光权教授的一句话:"对你来说,也没有必要太着急,一切都可以从容地来,重要的是要懂得享受探索的过程,在学习中体会到愉悦。"①当律师的辩护没有为当事人取得减轻处罚的效果,甚至当律师的死刑辩护工作没有保住当事人的命时,那种失落与痛苦,需要很强的承受能力才能面对。有时,明明把卷宗熟悉到可以脱稿辩护,并且有信心做三年以下有期徒刑辩护,但最终法院以补充说明材料为依据判处当事人无期徒刑;有时,自认为依照现有证据对当事人应该作出无罪处理,但公诉机关依照辩护意见逐一补充侦查并完善证据,最后当事人被判处极刑,面对当事人及其家属的痛哭,律师往往需要极大的勇气才能继续朝着刑辩之路走下去。我的一名同学曾与我分享其执业后代理过的一起刑事案件。也正是因为代理了这起案件,他退出了刑事辩护业务领域,之后再也没有代理过刑事案件。民事案件也同理。当看到败诉后一个公司濒临破产或者一个人的家庭濒临破碎时,律师内心总是充满自责与无力。律师没有固定的业务来源,没有稳定的收入,手里没有任何公权力,这种职业特性决定了律师的成长道路不会太平坦。现实生活中,律师职业在很多领域依然受排挤和打压,这就需要律师慢慢练就强大的内心世界,慢慢练就慧眼看世界的能力,慢慢练就理性处理问题的能力,慢

---

① 周光权:《刑法学习定律》,北京大学出版社,2019年,第308页。

慢练就扎实的法律功底……作为一名律师,必须有意识地通过自己的专业知识和执业经验,参与普法,开展合法合规性业务,甚至是向一些人免费提供一些合法合规业务指导,并给予他们法律案件警示等,减少违法犯罪行为,同时用自己的专业知识和经验指导当事人依法投资,在自己能力范围内投资,减少无法承担的亏损等。可以这么说,律师在合法合规领域,相对于其他非法律人而言,具有更明确的专业和自主行为意识。

没有固定的业务和收入又决定了律师高度自由的职业特性。律师没有固定的工作量和必须要做的固定工作,一旦熬过了艰辛的成长初期,就会有较好的自由成长空间。当自己把基本生活问题解决之后,就可以高度自由地选择职业领域,选择工作量,掌控学习的时间及学习的领域,等等。可以这么说,一旦有了明确的职业方向和学习方法,律师相较于其他法律人就有更高的自由度,从而在法学理论学习、业务领域和业务量上有高度自由的选择空间。这也是律师职业最大的幸福之一。

所以,律师注定是一个幸福的职业,期望我们每一个执业律师都可以做一个幸福感十足的人。

后 记

　　运用自己的法律专业知识和执业经验解答好每一个法律问题是律师的重要使命。要应用好法律专业知识，自然就要广泛地学习法律知识，这也是律师职业的学习宿命。所以，经常有人说做律师太辛苦。有人实在受不了这份苦，便改行做其他职业了，我身边的人就有改行去大学做老师的，到公司做高管的（有的在做法务总监，有的在做公司副总）。我觉得律师职业的苦，熬过了就会乐在其中。法律的生命在于经验。律师不仅要学习好法律专业知识，还要有充足的法律实战经验。只有两者结合，才能解答好法律问题。

　　对于像我这种学习能力很普通的人来说，在法律专业知识的学习上就要做到"熬住"，即尽量坚持长期学习，每天学习。我自己几乎每天坚持学习法律条款，平均每天睡前学习一小时。那么，法律条款的学习就仅仅是学习法律条款原文吗？不是的。除了学习法律条款原文，还要学习条文理解、相应的司法案例以及司法适用。法律不仅知识体系庞大，而且涉及我们生活的方方面面。众所周知，法律知识的更新速度很快，所以想三五年就学好法律知识是不现实的。选择了法律专业，就是选择了终身学习。

　　法律是一门实践性极强的专业,律师要抓住一切实践机会来积累。比如,一起行贿案件中,某领导打电话让某商人拿两百万元送给另外一个领导。案发后,对于某领导,是仅按照行贿罪处理,还是要按照受贿犯罪和行贿犯罪并罚? 这就是实践中需要面对的问题。有人认为,只有一个行为,一行为一罪,仅按照行贿罪处罚即可,而商人是该领导犯行贿罪的帮助行为(这也是笔者自己的观点)。也有人认为,虽然某领导没有把两百万元拿到手的行为,但该领导是先从某商人这里受贿得到两百万元,有先受贿得到两百万元的结果,之后才有行贿的行为,所以应当两罪并罚。该案最后确实是按照两罪并罚来处理的。但这种判决是否恰当,仍值得所有法律人思考。

　　书本是获得知识最好的方式,也是最廉价的方式。执业十年以来,我一直在努力学习法律知识,也一直在大量参与法律实践工作,同样也一直在努力解答每一名咨询人的法律问题。此外,自2019年以来,在昆明市司法局的安排下,我有幸在昆明电视台《普法进行时》栏目参与了普法宣讲工作。在执业之余,我把部分有代表性的问题进行整理,并将其书面化,这么做一是可以锻炼自己的写作能力,二是期望为需要律师咨询服务的人提供一些帮助,三是期望对这些问题的解答能对社会普法起到些许作用。

代万斌

2022年12月20日